関西の
地域振興と国際化
大学と新聞社の役割

市川　顕・高林喜久生［編著］
関西学院大学産業研究所［発行］
産経新聞大阪本社［協力］

関西学院大学出版会

関西の地域振興と国際化

大学と新聞社の役割

はじめに

本書『関西の地域振興と国際化――大学と新聞社の役割』（関西学院大学産業研究所レクチャーシリーズ）は、二〇一七年度秋学期に開講された関西学院大学経済学部設置講座『経済事情F』における講演・講義をもとに構成されている。関西学院大学と産経新聞大阪本社とは、インターンシップでの協力関係のほか、各種シンポジウム・ワークショップの共同開催などを実施してきた。中でも、両者の関係は、大学とメディアとの協働という点からも特筆に値するといえよう。

二〇一五年度から開講した関西学院大学の『経済事情F』の履修生は、道頓堀リバーフェスティバル（産経新聞大阪本社が中心となって毎年秋に開催される）に外国人特派員となる海外からの留学生とペアとなって、イベントの情報を英語でSNSを通じて世界に発信したり、産経新聞大阪本社見学会に参加したり、二〇一六年度までは産経新聞社が母体となる障害者施設である厚生文化事業団体への見学も行った。また、産経新聞大阪本社には、この『経済事情F』を履修した学生のためだけのインターンシップを用意していただき、学生の、新聞社というメディアのさらなる理解にご協力いただいた。

二〇一六年度からは、関西学院大学産業研究所と産経新聞大阪本社および日本貿易振興機構（JETRO）との三者で秋にシンポジウムを定期的に開催している。これまでに「グローバル人材」および「第一次産業の海外進出」についての話題で実施しており、参加された一般の方からも、高い評価をいただいている。

思い起こせば『経済事情F』という講座は、何かの折に、産経新聞社の安東義隆氏と当時関西学院大学産業研究所准教授であった市川顕氏が「最近の学生は新聞を読まない」と話題にしたことに端を発する。ならば、もっと幅広く、関西の現状、日本経済の国際化、地域振興やグローバル人材育成における大学の役割、そしてメディアの役割について学生により深い理解をしてもらうべく、教員だけでなく産経新聞社の現場の記者および管理職の方々に話をしていただく機会を作れないかと模索した。幸いなことに、関西学院大学経済学部が『経済事情F』の枠を提供してくださり、二〇一五年度から開講された。

二〇一五年度から二〇一七年度まで、市川氏を開講責任者として『経済事情F』が運営されてきたが、市川氏の本務校移籍により二〇一八年度からは高林が開講責任者となる。しかし、担当者が変わっても、関西学院大学産業研究所と産経新聞社との深い関係は継続することであろうし、移籍したとしても、市川氏と産経新聞大阪本社との関係は継続することであろう。

本書は、既述のとおり、講演・講義録によって編集されており、その意味では真にアカデミックな厳格性を求める読者に対応できるほどの形式・内容を備えていない。また各講演者が『関西の地域振興と国際化』を念頭に置いて講演・講義したとはいえ、一〇講通して十分に各講が有機的に連結しているとも言い難い。しかしながら、新聞社と大学附置研究所の一つの教育上の挑戦を知っていただき、本書がその記録であることをご理解いただき、そのうえで各方面からの忌憚のないご意見・ご指導を賜ることができれば、編者としては大きな喜びである。

二〇一八年七月三〇日

関西学院大学産業研究所　所長

高林　喜久生

目次

第1講

地方振興とガバナンス
関西の地域振興と国際化

はじめに

二〇一七年度の関西学院大学経済学部設置科目である『経済事情F』は『関西の地域振興と国際化』という共通の話題を下敷きとして、私と産経新聞社の先生方で担当します。そこでまず、『関西の地域振興と国際化』というときの、「地域」について考えていきたいと思います。

地域をつくる、とよくいわれます。例えば西宮市とか、阪神間とか、兵庫県とか、関西とか、我々は色々なかたちで「地域」というまとまりをつくります。そして、この地域の経済を活性化させようとか、子どもに優しい地域にしようとか、お年寄りが暮らしやすい地域にしようとか、そういう目標が掲げられます。

さらにまた、子どもやお年寄りが安全に歩けるように歩道を整備しようとか、地域循環型経済を確立するために地域通貨をつくろうとか、フリーマーケットで地域交流を深めようとか、歴史的建造物を活用しようとか、こういう個別具体的な「地域」づくりの試みは、しばしば行われています。

しかし、私たちがこの十数回の講義の中で考えたいのは、「地域」に関する、もっと大きなグランドデザインです。『関西の地域振興と国際化』といったとき、一つ一つの個別具体的な問題ではなく、もっと大きなグランドデザインを考えてみたいのです。つまり関西をどんな地域にしたいのか。関西を観光都市にしたいのか。関西を庶民的な地域にしたいのか。iPS細胞や理研の研究を利用した医療の中心地にしたいのか。関西は、奈良県民と京都府民と大阪府民と兵庫県民とのあいだの性格が異なるから、そういう意味で、これから日本全体で起こり得るであろう多様性の最先端地域にしていきたいのか。

履修者のみなさんが、関西という「地域」をどういうものにしたいのか、というグランドデザインを考えていく。実は、大人の世界でも複数の人間が集まって、そういう話をするとなると、なかなか合意形成が難しい。その難しいことに、君たちに挑戦してもらおうと思っています。

次回以降は産経新聞社の方々が具体的なお話をされると思うので、今回は少しその基盤となる抽象的・理論的な話をしたいと思います。

地域とアクター

今回のテーマの一つは、誰が地域をつくるのか、ということです。君たちは地域のことを考えて生きていますか。私は東京都港区に住んでいますが、職場は関西の西宮です。自分の住む地域のことを考えているかと問われれば、正直少し疑問符が付きます。そんな私自身が話していますので、説得力はないかもしれませんが、地域をつくろうと思ったら、地域の諸アクターが積極的に動かなければいけません。私は大学の研究者として、どんなアクターが、どう動いたら、どんな地域ができ上がるのか、を日々考えています。

若手起業家への期待

その中で、やはり地域振興を成功させる担い手として、最近注目されているのは若手起業家です。若手起業家こそが地域振興の担い手になる場合が多いといわれています。それは、地域振興の担い手として成功する人たちの共通点の多くを、若手起業家が持っている場合が多いからです。

その条件の一つ目は、公共的なマインドの持ち主、つまり自分のことだけ考えるのではなく、みんなのことを考えられる人、自分の利益だけではなく、全体のバランスを考えることができる人、です。こういう人は地域づくりにおいて中心的な役割を果たします。私くらいの年齢になってくると、利害関係にまみれます。その点、若手起業家は地域における利害関係にまだ浸かっていないのです。

二つ目、これは重要です。関西経済は今、危機的状況にあります。この前、大阪の商業地の地価最高額が名古屋に抜かれました。関西経済は今、かなり深刻だ、という敏感な危機感を持っている人でないとやっぱり動けない。年齢を重ねていくと、慣れもあるのか、そういうセンサーが鈍ってくる。やはり、この状況を変えなければいけない、という敏感なセンサーの持ち主である若手起業家にかかる期待は大きいわけです。

三つ目としては、自立的組織、つまり報酬をもらうための会社という組織とかではなくて、自分たちで動かしていく組織。こういったものを形成し、運営した経験、もしくは、動かそうという意思が不可欠です。ここでも、若手起業家の意欲に期待がかかっています。

大阪とか神戸、はたまた西宮とか芦屋に住んでいると、関西の地域経済の危機感を感じず、なんとかして地域振興を、という気持ちが希薄かもしれません。しかし、四国や山陰や九州などの各地に足を運んでみてください。公共の場で語られる、例えば市役所とか商工会議所とかでの、話題のほとんどが地域振興です。地域振興の最先端は過疎地域です。そして逆にいえば、都会は地域振興が最も遅れた場所です。その都会においても、つまり関西地域においても、地域振興と国際化を果たして行かなければならない。これが、今、関西が突きつけられている課題です。

道頓堀リバーフェスティバルの挑戦

この講義では道頓堀リバーフェスティバルというイベントに実際に行ってもらいます。道頓堀リバーフェスティバルは、道頓堀を中心にして、大阪のにぎわいを復活させたい。にぎわいを復活させることで、大阪経済を刺激したい。そのために、さまざまなアクターが参加し、各地の地方の方々をお招きし、二日間にわたって産経新聞社さんを中心に行われます。大阪のような大都市においてさえ、今日、新しいかたちで、多様な人たちを包摂して地域振興を図ろう、という努力が始まっています。それを皆さんが体験することで、関西地域の地域振興と国際化について考えてもらいたいのです。

地方分権

ところで、地方分権という言葉があります。これは聞こえがいい言葉です。でも、地方に権力が分けられるって何でしょう。それは、地域アクターに、もっと大きな責任が生じることを意味します。つまり、より身近な自治体、非営利組織、企業、中間支援団体、大学専門家、そして皆さんのような市民一人ひとりが、より身近な地域の理想像を思い描いて、各アクターがそれに向かって調整された活動を行う必要が出てくるわけです。今までであれば、霞が関が決めて、予算がついたものだけをおこなえばよかった。言い過ぎを承知でいえば、地方は考える必要はなかった。でも、自らの地域を興したい、自分たちの地域を何とかしたい、と皆さんが思うのなら、皆さんがそのアクターにならねばなりません。

したがって、私は皆さんが書く、期末テスト代わりの論説で、皆さんがどんな関西を思い描くのか、皆さんがどんな関西にしたいのか、そして関西地方の目指すべきあり方、ゴールとは何なのか、こういうことを考えてもらいたいと希望しています。名古屋にはない、東京にはない、皆さんが望む関西のあり方。これを皆さんに、この秋学期のあいだ、考えてもらいたいわけです。

開かれた地域としての関西の魅力　大学とメディアの役割

今までの私の話を総括します。今学期の『経済事情F』の講座で、皆さんに考えてほしい問題意識は以下のとおりです。関西をどんな地域にしたいのか。関西の地域振興と国際化において、どんなアクターが活躍できるのか。また、開かれた地域である関西の国際的魅力とは何か。よくインバウンドといいます。現在の関西においては、LCCによる関西国際空港から入ってくるインバウンドのインパクトはすさまじい。そして、大阪と神戸と京都という観光資源は非常に大きい。だから、関西が開かれた国際的な地域であることについても、皆さんに考えてもらいたい。さらに、大学生でもできることは何か考えてもらいたい。大学生は関西の地域振興と国際化に、傍観者となるのではなく、むしろ主体的にアクターになり得る。皆さんはそういう存在です。大学生でもできることは何か、考えてみてください。次に、せっかく新聞社と提携した講義を受講するのですから、メディアの果たす役割について考えてください。SNSがいいのか、新聞がいいのか、皆さんの感性で自由に考えてみてください。以上を考えたうえで、関西地域は、これまでどおりでいいのか、変化せねばならないのか、考えてみてください。これまでどおりでいいという考え方も一つです。それともだめなのか。だめだとすれば、これからどうあらねばならないのか。こういうことを考えてもらいたいということです。

地域振興とアクター

さて講義も後半となりました。ここでは、地域振興におけるアクター、つまり、地域をつくる人々に注目をしてお話をします。私が所属する関西学院大学産業研究所では、高知県安芸市のまちづくりプロジェクトだけではなくて、島根県の津和野町とか、福岡県の芦屋町とか、愛媛県松山市など、さまざまなところで地域興しのイベントにかかわってきました。そして、その過程で目の当たりにしたことは（そして学問の世界でよくいわれることは）、地域振興には、本当にたくさんの、多様な人々が参加している[1]ということです。では、特にどんな属性のアクターが地域振興には必要とされているのでしょうか。私なりに、少し整理して、皆さんにお話ししたいと思います。

専門家の役割

まず、専門家が必要です。専門家ということは、大学教員やシンクタンクの研究者などです。ただし、ここで必要とされている専門家は、問題発見・問題解決型のメンタリティを持ち合わせた専門家でなければなりません。私は法律学だから法律しかわかりませんといったタイプの専門家ではなくて、問題がそこにあるのなら、法律学を基礎として問題を解決しよう。もしくは、法律学のみならず、友人の経済学者と組んででも、とにかく問題を解決しようという問題発見・問題解決型の専門家が必要です。

自治体職員の役割

第二は自治体職員です。私が考えるに、自治体職員が地域振興のために求められているのは、「三無主義」をなくすことです。往々にして自治体職員は、この「三無主義」によって新しいイノベーティブなアイデアを葬り去ります。前例が「ない」、ほかの自治体でやって「ない」、予算が「ない」、がそれです。ただ、もちろん自治体職員ばかりを責めてはいけません。自治体職員には自治体職員の指示命令系統がありますから、上司にいわれたことには従わなければいけない。だから、この問題を突き詰めると、自治体職員の方々がどうこうというよりは、おそらく自治体職員を取り巻く行政システム、そこにメスを入れて行かざるを得ない。そうすると首長の役割が重要になってくるわけです。つまり市長、知事といった、直接住民によって民主的に選挙で選ばれた首長が、新しいアイデアを持ち、そしてその新しいアイデアを実際に具現化できるように自治体職員を動かす必要があるということです。

市民の役割

第三は市民です。我々はよく市民という言葉を使いますが、実は、市民は、市民で「ある」のではなく、市民に「なる」のだとよくいわれます。私たちは人間ですので、自己中心的です。自分のことばかり考え、自分を優先して生活していく人を、ここでは生活者と名づけましょう。それでは、市民とはなんでしょうか。市民になるためには、他者性を身につける、つまり、ほかの人はどう考えるのだろうか、と思いを巡らすことが重要です。市民になるためには、公共性を身につける。この地域はどうあるべきか、と日々思いを巡らすことが重要です。市民になるためには、全体性を身につける。地域全体を俯瞰してみる。自分たちの町を俯瞰してみる。市民になるためには、相互性を身につける。地域振興における各アクターとの人間関係を上手に構築していく。そして、市民になるためには、共存共栄の地域振興に配慮する。つまり、このようにして、市民には意識的に「なる」ことが大切なわけです。

若者の役割

第四は若者です。鮭化という言葉があります[2]。故郷で生まれ育って、そして大学もしくは就職で大都市に移住します。そこでさまざまな知識や体験、人脈を形成したのち、自分の生まれ育った地域に戻って、何らかの産業を発展させる。このようなパターンで地域振興に貢献するタイプの若者を、鮭化する若者と呼びます。

実は関西は、鮭の目的地でもあれば、鮭が旅立つ場所でもあります。例えば山陰の山奥の町から関西学院大学に出てきて勉学に励みます。この意味では、関西地方は鮭の目的地で、その学生が卒業後に関西にとどまり、数年して地元に帰れば、鮭化する若者を育てる場所となります。でも現実は、そうではない場合が多いですね。他地域から関西学院大学に来て勉強した学生も、阪神間で生まれ育った学生も、多くは就職を機に東京に出て行く。つまり、関西は優秀な人材を蓄えておくことができず、鮭化する若者が旅立つ場所になっているともいえます。そして、若者が東京で結婚でもして、関西に、もしくは、山陰地方の山奥の町に帰らない、ということになれば、関西だって、鮭化による地域振興ができなくなることになります。

ところで、地域振興において、なぜ大人はそんなに若者にこだわるのでしょうか。ここでは石山（二〇一三）を下敷きに議論してみましょう。まず、やはり若者は素直であるということです。ですから、我々のような大人よりも、皆さんには素直な感覚が残されているし、実際に地域の悪い点を「悪い」と主張できる純粋な心があります。さらには若者が地域のために働こうとしていると、それを見て怒る大人はいません。なんでこの子はこんなに若いのに、しっかりと地域のために活動してくれているのかと、大人たちは嬉しくなる。そういう意味でいうと、若者という存在は地域振興のためには非常に重要なわけです。

異端者の役割

第五に、地域振興のためには、異端者が必要だといわれています。つまり、常識に縛られない思考ができる人の存在の重要性です。例えば、イノベーションは異質なヒト・情報・偶然を取り込むところに始まるとか、変人がイノベーションを生むとか、地域イノベーションを担うのが地域の起業家精神を持つ人材である、といったように、普通の人ではない人のほうが何か新しいことをやり始める傾向がありますし、その新しいことが、当該地域の活性化につながることが多々あります。

例えば産業研究所がまちづくりプロジェクトで学生を引率して来た高知県安芸市では、じゃこ（シラス）に注目したある若者がシラス加工工場まで建てて、シラス丼とかシラス料理、そういうものを安芸市の名物にしました（安芸といえば阪神タイガースのキャンプ地だとか、茄子だ、とばかり考えていた大人からすれば、青天の霹靂だったことでしょう）。もともと安芸市の名物として認知されていなかったものを、これは使えるじゃないかと、ほかの人にはない感覚で名物にしたのです。だから、大多数の感覚とは違う感覚の人がいることが、実はすごく大事だといわれています。

よそ者の役割

第六に、そういう意味では、よそ者の重要性も指摘されています。よそ者の感覚はとても大事です。地域の人は、意外と自分たちの地域が外からどう映っているのかを知りません。実際に、外から来たよそ者と話すことにより、自画像を取り戻すのです。また、よそ者が地域振興のアクターとして参加することで、地域の人は自分たちのやっている地域振興活動に自信を取り戻す場合があります。外からわざわざ自分たちのやっている企画に手を貸してくれる人がいる、我々の活動は間違っていない、というわけです。さらには、よそ者から自分たちがどのように見られているかを参考にして、次の事業を展開することが可能となります。つまり、不断の自己学習や新しい運動体への変革[3]の引き金となるのです。

ブランド・クリエーター

さて、先ほどから高知県安芸市に学生を引率して、全国ご当地じゃこサミットのお手伝いを通じた地域振興への学生の取り組みを事例にお話をしているのですが、私たちは一泊二日の研修の初日は、必ず安芸市内を観光することにしています。高知空港で待ち合わせをしたら、まずはじゃこサミットの会場に行って、お客様としてじゃこサミットを楽しむ。その後、安芸の観光スポットに行くことにしています。安芸には、岩崎弥太郎の生家や安芸城址などがあるのですが、一番（いわゆる）インスタ映えするのは時計台でしょうか。そこで私たちは写真を撮り、インスタグラムやツイッター、フェイスブックなどのＳＮＳ（ソーシャル・ネットワーク・サービス）でおのおのが投稿します。安芸の観光地はどうだとか、あれは美味かったとか、ここまで来るアクセスはどうだった、などという情報とともに発信します。さらには、また来たいと思う、あれはまた食べたい、などと発信する学生もいます。なんでこんな話をするかというと、こういう一つ一つのよそ者の小さい活動が、ブランドクリエーターとしての活動だからです。齋藤（二〇一二）によれば、ブランドクリエーターとは、「ご当地発信型の〝みやげ話のオペレーター〟」です。地域資源のさまざまな魅力をわかりやすく翻訳・紹介し、体感して得ることのできた地域の魅力をSNSなどで発信し、これにより伝えられた魅力によって新たな訪問者を生み出すという正のスパイラルです[4]。これが第七です。

インターメディエータ

最後、第八に、異質性のある、当該地域に利害関係のない人は、その地域の地域振興のインターメディエータ（アクター同士をつなぐ存在）になりやすい、ことを指摘したいと思います。地域は大体閉鎖的で、凝集性が高いものです。よそ者は異質なので、その地域の中の人とはまったく別の競争原理の中で動いている。つまり地域内の人には地域内での競争原理が働くが、よそ者だと何か許せてしまうものがある。したがって、そういったよそ者とか、諸君たちのようにまったく利害関係のない若者とかが地域振興の活動をすることで、当該地域の地域振興のプロジェクトがうまく回ることがあります。

例えば、ある町で町おこしをしようと思ったら、建築会社Aの奥さんが手を挙げて引っ張った。でも、町には建築会社は一社じゃない。そうすると、BやCの建築会社関係者はいい気持ちはしないわけです。

あれは地域振興をしたいのではなく、自分の建築会社に仕事が来るようにしたいだけなんだ、と思いがちなのです。私ぐらいの年齢になってくると、何をやるにも利害関係がまとわりつく。でも、皆さん学生には、ほぼないわけです。だから、異端者であるとか、よそ者であるとか若者は、そういう意味で地域興しの非常に重要なアクターになれるということです。利害関係のしがらみなしに、純粋に地域振興のアクターになれるわけです。

おわりに

さて、今回の講義内容をまとめましょう。

この講座『経済事情F』のねらいは、皆さんがこれから『関西の地域振興と国際化』の現場で起こっているさまざまな話を産経新聞社の方々から聞きながら、『関西の地域振興と国際化』に思いをめぐらせ、最終的にグループとして論説を書き上げるところにあります。そこがこの授業のおもしろさだと思いますし、この授業の特徴です。論説を書き上げる際に皆さんには、少なくとも三つ、これは考えてくださいという点を提示したいと思います。

第一に、どのようなアクターがどのような資源を提供しているのかという視点を持ってください。例えば皆さんは若者として、労働力や素直なアイデアという資源は提供できますが、巨額な資金という資源は提供できません。さまざまなアクターはさまざまな資源を持っています。私もお金はありませんが、人よりも学問的な知識はあると思います。だから、私が持っている資源は、恐らく知識だと。そういったさまざまなアクターが持つ比較優位の資源を集めていくと全体として必要な資源が集まっていく、こういうところに着目してください。

第二に、資源に注目したところで、次は、そういった資源を持ったアクターをつなぐ役割が必要になります。つないでいるのは何でしょうか。一例としては、情報を多くの人に拡散する点として存在するメディア（例えば新聞社）が指摘できるでしょう。さらに、新聞社は単に紙面を作っているだけではありません。皆さんに講義を提供してくださる産経新聞社さんは非常に関西の地域振興に熱心な会社で、道頓堀リバーフェスティバルをはじめとした実際のイベントや各種シンポジウムを開催することで、さまざまなアクターをつなぎ合わせる役割もしています。産経新聞社さんが存在しなければ出会わなかったであろう人たちが出会うことで、地域がさらに盛り上がる。この講義は、産経新聞社さんのご厚意により、多くの同社の関係者が来ますので、新聞メディアが『関西の地域振興と国際化』のためにどのような働きをしているのか、じっくり聞いてみてください。

そして第三に、皆さんの目指す『関西の地域振興と国際化』のために、皆さん自身が主体となってできることを考えてみましょう。何か高みの見物をするような精神態度はやめましょう。皆さん自身も大学生という立派な『関西の地域振興と国際化』のアクターです。

こういう視点を持って、毎回の産経新聞社から来る先生方の講義をしっかりと聞き、疑問があればしっかりと質問をしてください。そして道頓堀リバーフェスティバルや産経新聞大阪本社見学、さらにはシンポジウムへの参加を積極的に行い、記事や論説を書くことを通じて『関西の地域振興と国際化』について能動的に考えてもらえると非常にうれしく思います。

【注】

1　田中豊治（二〇一二）一二頁。
2　守屋貴司（二〇一二）一八六頁。
3　大野剛志（二〇一〇）三四―三五頁。
4　齋藤明子（二〇一二）四三―四四頁。

参考文献

石山恒貴（二〇一三）「地域活性化における実践共同体の役割――NPO2法人による地域の場づくりに向けた取り組み事例」『地域イノベーション』第六号、六三―七五頁。

大野剛志（二〇一〇）「地域活性化運動における新規参入者の位置と役割――北海道上川郡下川町「下川産業クラスター研究会」の実践を事例として」『現代社会学研究』第二三巻、一九―三七頁。

荻久保嘉章（二〇一四）「地場産業産地の持続的成長――豊岡杞柳産業産地の事例」『立命館経営学』第五二巻第四・五号、一―二三頁。

田中豊治（二〇一二）「コミュニティ・ガバナンスとまちづくりNPOリーダー」『佐賀大学経済論集』第四四巻第六号、一―二一頁。

齋藤明子（二〇一二）「地域ブランドを育てる新しい観光商品――『地域旅』に関する研究」『実践女子短期大学紀要』第三三号、三九―四六頁。

柴山清彦（二〇一二）「外部経済を生み出す場としての自律的組織――地域産業再生のための『新たなコミュニティ』の生成」『日本政策金融公庫論集』第一四号、一―二四頁。

守屋貴司（二〇一二）「北海道東川町の地域活性化のための地域マネジメントに関する研究――脱公務員化する町役場の組織開発・組織文化づくり」『立命館経営学』第四九巻第五号、一六九―一八七頁。

第2講

パナソニック「脱関西」宣言の真相
東京からみた関西経済の「真の実力」とは

パナソニックが「脱関西」

タイトルの「パナソニック『脱関西』宣言の真相」というのは、とても刺激的ではありますが、これ自体が本題ではありません。パナソニックという関西が誇る企業が「脱関西」宣言をしたという事実。それが関西の今の経済の実力ではないのかという話、またサブタイトルにあるように東京からみた関西経済を中心に話をしたいと思っています。

講義のポイントは三つです。一つ目は、関西企業の転出、まさにパナソニックの「脱関西」宣言じゃないですが、なぜ東京にヒト・モノ・カネが吸い寄せられるのかが最初のポイントです。

二つ目は、厳しいといわれている関西経済を再生する近道、具体的には「都市力の向上」についてです。それに関連し、世界の中で東京、関西というのは、どういう位置づけにあるのかを説明させていただきます。

三つ目は、これからの関西の進むべき道について話をさせてもらいます。

私は今、東京で働いているのですが、二〇代、三〇代のときは東京で「働きたくない」「行きたくない」と思っていました。この三年半、東京で仕事をしてみて何を感じたかというと、若いときに行っていればよかったかなと、つくづく思っています。私は経済部の記者が長かったのですが、関西は企業取材が多く、いってみれば「点」なんです。関西電力とか、パナソニックとか。これに対し、東京では一企業だけでなく、その業界を横断的に取材できる。例えば、電機業界でいえば、日立製作所から東芝、ソニー、三菱電機などを取材できます。しかも、企業を管轄し、全体の政策を立案している経済産業省など霞が関で官庁取材もでき、いわゆる「面」で経済事象をとらえることができます。とても多角的な取材ができ、人脈も広がります。もちろん関西で取材しても人脈は広がるのですが、それでも東京で仕事をしていれば、もっと深く経済のことを知ることができたかな、と後悔しています。

一方で、私も関西で育った人間なのですが、大阪でも京都でも神戸でも暮らしていて不自由を感じることはありません。東京でしか買えないものなどなく、関西で生活をしていて、東京じゃなければいけないものはまったくないのです。しかし今、ヒト・モノ・カネがすべて東京に集まっています。

なぜ、東京にはヒト・モノ・カネが吸い寄せられるのか。その源泉は何なのか。そこからお話しします。まずは「人口」と「経済」。その差は一目瞭然です。これが一極集中の要因と考えて間違いないでしょう。国勢調査をみると、人口は東京で約一三〇〇万人、大阪で九〇〇万人弱。国内総生産（ＧＤＰ）では、東京が九〇兆円強、大阪が約四一兆円ですね。企業数をみると、上場企業は東京が一七〇〇社、大阪は四四五社。企業総数だと、四九万社と三二万社と大きな差があります。

東京への転出超過は、年間一二万人にのぼるといわれ、その大半が若者です。大学に入学するとき、社会人となって就職するときに全国から東京に移り住むようです。二〇一〇年から二〇一五年の五年間で、日本の就業者は約一二〇万人増えました。このうち東京および首都圏で働く人は、どれぐらいを占めるのか。なんと一〇五万人です。五年間で増えた就業者の九割弱が首都圏で働くようになったのです。これが今の東京と東京以外の現実だといえます。

先ほども言いましたが、関西でも不自由なく暮らせるものの、格差は確実に広がっています。東京の一極集中が進むということは、言い換えれば、関西の地盤沈下が進んでいる証左です。若者が東京に行けば、どうしても関西の企業もそっちに目が向いてしまいますし、東京シフトを進めてしまうという悪循環です。

その事例のひとつが、パナソニックの「脱関西」宣言といえるかもしれません。二〇一七年五月末、パナソニックの社内分社であらゆる機器がインターネットでつながる「ＩｏＴ」などの法人向け製品をつくっているコネクテッドソリューションズの社長の樋口泰行さんが、アナリスト向けの事業説明会で、「門真発想では限界。すぐに東京に行くことを決めたい。一〇月からこのコネクテッドソリューションズの本社機能を東京に移す」と発言しました。ただ、関心を集めたのは、パナソニックのディビジョン（事業部門）が本社機能を東京に移すということ以上に、樋口さんの経歴など彼の立場に起因しているところが大きいと思います。

樋口さんは、もともとパナソニックにいらっしゃって、そこから四五歳の若さで日本ヒューレット・パッカードの社長に就任。その後、ダイエーの社長、日本マイクロソフトの会長を務められました。そして、パナソニックに再び戻ってきて、専務役員を経て、六月に代表取締役となり、次期トップの有力候補に浮上してきました。そんな話題の人が、「脱関西」をぶち上げた、ということが多分ニュースになったのではないでしょうか。当然のことながら、ＩＴのビジネスは東京が主戦場で、東京でないと商売にならないようです。

ところで、個人的には樋口さんの真意は別のところにあるのではと推測しています。というのも、考えてみると、アナリスト説明会で「門真は限界」と言う必要はないですよね。あえて、それを口に出されたのは社外よりも社内に改革姿勢をアピールするねらいがあったのではないでしょうか。パナソニックの津賀一宏社長が樋口さんを呼び戻すとき、巨大企業となったパナソニックを変えるにはもはや生え抜きの人間だけでは難しい、といったようなことを話されたと、当時の担当記者から聞きました。そこで、かつてパナソニックにいて、外の世界を経験した樋口さんに手を貸してほしいと述べたそうです。これは私の推測なのですが、それを受けて樋口さんは過激な言葉で、社内に向けて「変わるパナソニック」を打ち出したのが真相ではと想像しています。一種のショック療法です。

東京目線による関西再生

二〇一七年四月に帝国データバンクが発表した調査によると、二〇一六年からさかのぼること一〇年、二〇〇七年から二〇一六年の大阪府に転入してきた企業、大阪に本社を移した企業は約一五〇〇社あります。一方で大阪から出ていった企業は二三〇〇社。つまり一〇年間で約八〇〇社が大阪から出ていったわけです。ただ、これは二〇年前、三〇年前からの流れなのです。一九九七年から二〇〇六年の一〇年間をみると、転出企業は一三〇〇社です。転出企業自体は減少傾向にあるわけですが、これは転出に歯止めがかかったというよりは、出ていくところは出尽くした、とみるほうが正しいでしょう。ちなみに昨年、大阪府から転出した企業は二一〇社で、このうち六六社は東京へ移っています。関西で不自由なく生活していても、自分の勤める会社の本社が関西から東京に移れば、必然的に東京に移りますよね。そういう形で東京に住むようになった人も少なくないとみています。

そこで何が起こるのか。東京に移り住むと、想像した以上に東京生活が快適だと思うのではないでしょうか。自分自身の東京生活を考えると、感覚的な印象ですが、街の表情というか、街の立て付けというか、それが関西と東京ではまったく違うような気がします。大阪にはキタがあり、ミナミがあり、また京都や神戸もあるのですが、やはり東京二三区内には銀座があり、赤坂があり、新宿、六本木、池袋、秋葉原もあります。そんな街の多様性に若者は引きつけられるのでしょう。

一方で、そんな東京の持つ魅力を、関西に違う形で持ち込むことはできないものなのかと思います。さらに東京にも弱みというか、課題もあり、それを逆に関西の強みにすることができないものなのか。関西の課題を整理すれば、もう少し強い関西ができるのではないかと思ったりします。

東京目線で「関西再生」を考えると、経済振興よりも、都市力を向上させていくこと、平たくいえば、街をおもしろくして人を集めることが早道じゃないか、という気がします。関西経済の歴史を振り返ると、まず繊維産業があり、かつては銀行に勤めるよりも紡績企業に勤めるほうが「すごい」といわれる時代がありました。しかし、繊維産業は七〇年代の日米繊維交渉等含め、徐々に衰退していきました。

また、大阪には「薬の町」道修町《どしょうまち》があるのですが、今では多くの製薬企業が本社を東京に移転しました。直近でいえば、家電ですよね。パナソニックもテレビなどの家電製品よりも、どちらかといえば、自動車向けの電子部品や住宅事業に力を入れており、シャープも外資系企業の傘下となりました。また、三洋電機はパナソニックに買収され、なくなりました。このように、関西が得意とした産業が衰退していく中で、今から特定の産業を育てるのは、非常に難しいと思われます。政府が特区を指定して税制優遇しても、そこからインフラを整備して、ハードを作っても育つのかと。神戸の医療産業都市は芽が出てきていますが、今後も新たな産業を育てるのは時間も必要で、しかも成功するかどうかはわかりません。これからは産業を育てるのではなく、都市を育てる、といった考え方があってもいいのではないかと思います。

大阪、関西の都市力

都市にとって「経済」はとても重要なのですが、街は経済だけで成り立っているわけではありません。「居住」や「文化」「交通アクセス」「環境」などで、都市全体の魅力ができ上がっているわけです。こうした都市の総合力をきちんと分析して、弱いところを伸ばしていけば、もっと魅力が増してくると考えています。

森記念財団の都市戦略研究所が毎年発行している二〇〇八年から二〇一六年までの「都市ランキング」によると、昨年までの九年間、トップ四の都市は同じです。ロンドン、ニューヨーク、パリ、東京。去年のランキングで変わったことといえば、初めて東京が三位となり、パリが四位に落ちたことです。ちなみに大阪は二二位でした。これは二〇一五年からランクを二つ上げています。

大阪の都市力について、もう少し説明すると、災害に対する脆弱性への対応は阪神・淡路大震災の影響もあり、高評価を得ています。また、この都市ランキングで日本からは東京と大阪、福岡の三都市が選ばれているのですが、大阪の科学技術関係の受賞者は東京よりも圧倒的に多く、アカデミックな分野は評価されており、研究開発では全体の七位となっています。

そして最も注目すべきところは、大阪は海外からのインバウンド（訪日外国人数）が倍増していることです。インバウンドは日本全体で増えているのですが、関西を訪れる外国人が大きく増加しています。これをどうつなげていくのか。これが都市の総合力を向上させる一つの起爆剤になると考えています。

このランキングをつくっている調査員に話を聞くと、東京は統計を取り始めた九年前に比べ、機能的で効率的な都市に成長していると評価していました。一方でロンドンやパリに比べると、文化的な香りはまだまだだということです。東京、大阪、いわゆる日本の都市が世界で勝ち残っていくためには、パリ、ロンドンのまねではなく、グローバリゼーションの中で、いかにローカルな魅力を出していけるかが重要となりそうです。アジアでは英語圏ということもあり、シンガポールや香港のほうが人は集まります。そういう状況下で、ローカルの魅力をグローバリゼーションの中で出していけるか。それができれば、都市として魅力が増すのではないのかなと思います。実はこの課題をクリアするポテンシャルは、東京よりも大阪、首都圏よりも関西圏のほうがあるはずです。

東京と大阪の比較でいうと、経済規模は一九〇〇年代まで東京と大阪はそれほど差がありませんでした。それが今、東京と大阪、首都圏と関西圏はなぜこれほど差がついてしまったのか。これには、いくつもの要因があると思います。

一つは、大阪に首都機能がなく、特殊な権益を持っていなかったことです。このため大阪は経済状況に左右され、特にバブル崩壊後の経済低迷で東京と大阪の格差は広がったとみられます。

もう一つは、関西が産業構造の変化に圧倒的に遅れてしまったことです。関西圏は名目GDPが一九〇〇年以降ほとんど成長していません。例えば、一九七〇年から二〇一二年までの約四〇年間について、製造業や情報産業、不動産といった主な産業別の名目GDP伸び率をみると、関西は全国平均をすべての産業で下回っています。これに対し、首都圏では情報サービス・金融の集中が進み、二次産業から三次産業への転換を図りました。先ほどのパナソニックの話もそうですが、中でも情報通信サービスは圧倒的に首都圏に集中しています。首都圏以外でも、中部地方は製造業が伸びています。その最大要因はトヨタ自動車グループの躍進で、自動車産業の拡大で発展しています。

今の関西には、一定程度の競争力が期待できる領域はあるものの、かつての繊維や医薬、家電のような圧倒的な一位の領域がありません。今は関西ならではの強い領域がないため発展できず、ほかの地域に比べて成長力が鈍化しています。

地方都市の衰退の最大要因は、東京の一極集中といわれていますが、ただこれは日本だけの現象ではありません。韓国もフランスも英国も首都への一極集中はどんどん進んでおり、世界的な趨勢なのです。一方で、首都と第二都市が併存して発展している国もあります。米国は、政治はワシントン、経済はニューヨークと鮮明に分かれ、両都市とも発展しています。ドイツもそうです。ドイツの首都はベルリンですが、金融の中心はフランクフルトです。豪州やブラジルも分散しています。

日本も、かつて政治は東京、商工業は大阪という役割分担ができていた時期がありました。それが、そのまま発展していれば、今の「見える絵」は違ったと思うのですが、戦時中に政策や補助金といった交付制度は中央がコントロールし、全国を統制する慣習ができ上がり、戦後もそのまま続いています。この中央集権的な仕組みが、東京の一極集中を進めたといえます。今から東京と大阪がワシントンとニューヨークのような形に戻ることができるかというと、こうした歴史的な背景を踏まえると、それは無理でしょう。霞が関の移転問題を見ていても、想像以上に難航しており、経済を地方に移そうとしても、それは厳しいと思われます。

ただ、政府は何も手を打っていないわけではありません。東京の一極集中を是正しようと、二年前には本社機能を東京から地方に移転した企業に対する優遇制度も整備しました。しかし、この優遇制度を活用した企業は五月まででわずか一六社です。つまり、大多数の企業が東京から地方に出たくないわけです。

ネット社会が進展し、東京でなくても不自由のない生活ができるのですが、今の日本人のメンタリティはまずは東京なのです。それを覆すことは、並大抵のことではないでしょう。

どこに活路を見いだすのか。数年来、地方創生がキーワードとなっていますが、地方創生の最大の問題点は東京一極集中を是正し、地方にヒト・モノ・カネを移すという発想です。東京からヒト・モノ・カネを剥ぎ取ってしまうのではなくて、世界から地方にヒト・モノ・カネを呼び込む。そんな発想の転換が今、求められています。それができない限り、地方都市が独り立ちすることはなく、これは関西も同じではないでしょうか。

世界四〇都市のランキングでは、都市を「経済」「居住」など六分野で評価し、六角形で都市力を表現しています。今、東京の六角形に、大阪の六角形を重ねると、大阪は東京のミニ六角形になっています。もちろん、同じ日本の都市なので強いところ、弱いところは似ているのですが、大阪は評価の低い分野を伸ばして東京の六角形に近づけばよいのでしょうか。この指標は魅力ある平均的な国際都市で、大阪は理想の六角形にならなくてもよいのでは、と個人的に考えています。世界が認める大阪、京都、神戸になれば、よいのではないでしょうか。では、どこを伸ばすかというと、大阪、京都、奈良のもつ歴史的な遺産は、とても魅力ある観光コンテンツだと思います。

商機をいかにつかむか

訪日外国人数は昨年二四〇〇万人。「二〇二〇年に四〇〇〇万人」という目標を掲げ、それに向けて取り組む政府の方向性は間違っていません。なぜ、これほど訪日外国人が増えているのかといえば、当初は円安でした。しかし、今は円安だけではありません。都市のイメージを調査すると、東京はネガティブ（後ろ向き）な印象なのです。東京イコール日本なのですが、例えば、「混雑している」「何だか忙しそう」といったイメージが強く、これに対し、パリなどは「文化的」なのです。ところが日本に一度でも来た人は、そんなネガティブなイメージがプラスに一変するそうです。最初は円安が理由でやって来ても、一度訪日すると、「もう一度、日本に行きたい」という外国人、いわゆるリピーターが急増していると思われます。二〇二〇年の東京五輪までは、このトレンドは変わらないと思われ、それを関西として、どう生かしていくのかが今後重要となります。

先日発表された七月一日の基準地価の商業地で、京都の上昇率が全国で一番となりました。産経新聞では、このニュースに「訪日外国人の増加、もはや産業」という見出しをつけました。一月から六月までの旅行消費額は二兆円強です。ということは、年間で訪日外国人の消費額は四兆円前後に達し、巨大市場に成長したといえます。

二年前、著名なアナリストに大阪の現状について取材し、この講義で紹介させていただきました。その人は「世界的な大都市には必要なものが三つある。一つはにぎわい、もう一つは文化。そして三つめが商機、ビジネスチャンスだ」と前置きしたうえで、「関西にはにぎわいがあり、文化は東京以上にある。しかし、商機がなさ過ぎる。だから企業が逃げていく」と指摘されました。

二年前、確かにそのときには関西にもうかるという空気がなかったような気がします。しかし、今は訪日外国人が急増しており、商機が生まれています。ただ、訪日外国人が関西でお金を落としてくれるという、受け身的なビジネスでは絶対にだめです。

世界で海外旅行する人の数は二〇一〇年で九・四億人。これが、東京五輪が開催される二〇二〇年に一四億人、二〇三〇年に一八億人に達すると予測されています。一八億人が旅行に行きだすと、巨大なマネーが動きます。一方で二〇三〇年すぎには中国のGDPが米国を抜き去り、また東南アジア各国のGDP総額は日本を上回るといわれるなど、世界を牽引するのはアジアとなれば、アジアからの海外旅行も急増するはずです。しかし、現時点で関西は大阪や京都、奈良の持つ観光コンテンツをまだまだ世界に発信できていません。その魅力を積極的に発信し、ビジネスをつくり出す必要があります。

パナソニックとJTBとヤマト運輸の三社は、二〇一八年一月から手ぶら観光ビジネスを展開するそうです。このサービスを利用すれば、訪日した外国人は、重たいスーツケースに縛られることなく、手ぶらで日本を満喫することができます。外国人が日本に来て、お金を落とすだけじゃなくて、新たなビジネスにつなげていくことをもっと考えれば、関西企業はより活性化するのではないかという気がします。個人的に東京、また名古屋でも生活した経験がありますが、関西には東京にも名古屋にもない異質さというか、熱気というものを感じます。一度、日本に来たことのある外国人はそうしたものに気づき始めているのかもしれません。だからこそ、新たな仕掛けさえ考え出せば、インバウンドは関西の有望な産業になるのではないでしょうか。

最後に、若い人には東京で一度は生活することを薦めます。東京一極集中を是正しなければならない、ということとは矛盾するかもしれませんが、ぜひ東京で働き、生活し、そして再び関西に戻ってきたら、いろんな視点で物事に取り組むことができるはずです。関西人は意識していなくても、その底流には「東京には負けたくない」といった思いを持っているものです。その「対東京」という意識から抜け出し、「世界の大阪」「世界の関西」を目指すには何が必要なのかを考える時期に今、来ています。そして、その主役は若い皆さんであり、そういう意味では、関西を一度離れてみて、また戻ってくるのもいいんじゃないかなと思っています。長時間ご静聴ありがとうございました。

質疑応答

市川　島田先生、どうもありがとうございました。質問がある方はいらっしゃいますか。

質問者　貴重なお話ありがとうございました。人間福祉学部社会起業学科二年の学生です。今回のお話の中で、東京の一極集中と地方のひとり立ち、というお話がありました。今ニュースとかを見ていると、地方創生であったり、地方自治が大事だというお話とかをよく見たり聞いたりするのですが、そこでいわれる地方とは、どこなのとか、地方とは何だろう、東京以外のすべてが地方なのとか。何かいろいろ地方に関して疑問が湧いてきました。漠然として恐縮ですが、地方という概念について、聞いてみたいなと思って、質問しました。

島田　ありがとうございます。先ほど都市の成り立ちというのは経済だけじゃないと言いましたが、経済規模だけでみると、関西圏や中部圏はある程度のボリュームがあり、企業もありますし、ちゃんと経済、いわゆるＧＤＰを出しています。個人的には、この三大都市圏以外は、地方ではないでしょうか。仙台も福岡もそれなりの経済規模はあるものの、それでも地方と位置づけるのが妥当でしょう。

政府が求めている地方創生というのは、人口減少や高齢化が進んでいるところであるとか、西日本でいうと、島根や鳥取、四国もそうですよね、そうしたところを地方とみているのではないでしょうか。ただ、個人的には、東京以外はすべて地方とみてもいいのでは、とも考えています。先ほど話し忘れたのですが、東京の今の問題は「高齢化」と「空き家」です。世界の四〇都市で、例えばロンドンもパリも今、住宅がなくて困っている状態なのに、東京は二三区を出てしまうと、空き家が多くあります。世界の上位に位置づけられる都市なのに、東京はどちらかというとマイナスのほうに進んでいます。日本全体のことを考えると、特に東京五輪後、日本はどうなっていくのかという心配があると思います。質問からずれてしまっているかもしれませんが、東京の今後を考えると、地方はより活性化しなければいけないかなと思っています。

市川　もう一つぐらいご質問をお受けします。

質問者　お話ありがとうございました。一般参加の者です。

お話の中で、パナソニックの樋口さんの、「門真では限界があって東京に本社機能を移す」という発言なんですけど、いま一つ理解できません。なぜ門真に限界があって、なぜその機能を東京に移さなければいけないのか。私も東京で勤務経験をしたことがありますが、やはりなぜ東京かというと、中央集権、企業は、中央省庁との関係がありますし、あと業務が日々コンタクトできるという利便性があります。そういった企業が東京に集まると同時に、それぞれ本社同士で話をすると、決定権が早くなりますよね。キーパーソンと話ができるということで、どんどんみんな東京に集まってきているのが現状じゃないかと思います。では、これまで門真でやってきた樋口さんの会社が、どうして今、東京に行かなければいけないか。その辺をご存知でしたら、お答えいただければと思います。

島田　どうもありがとうございます。樋口さんの件で一番のポイントは、彼が今やろうとしている分野、つまり法人向けＩＴビジネスの性格を考えないといけません。家電製品をつくっているのではなく、情報通信事業、しかも企業に売るわけです。情報通信サービスについては早さが重要で、しかもライバル企業を含め市場の中心は東京です。門真というか、大阪にそういう企業もなく、売り込み先も少ない。もちろん法人向けなのでゼロではないのですが、こういうＩＴビジネスでは戦略的な情報収集がきわめて大切で、そのことを考えると、東京でないとビジネスが成立しないのではないでしょうか。もう一つは先ほども述べましたが、社内向けに改革姿勢をアピールしたかったと推測されます。

市川　あともうひとかたぐらい、手短な質問であればお受けできます。

質問者　一般参加なのですが、通訳ガイドと英語講師をしております。お話の中で関西の英語力は東京の方に比べて一般的に劣ると話されましたが、どういうことなんでしょうか。

島田　関西の英語力が劣るという話ではありません。一人ひとりのスキルが低いという話ではなく、海外の方が来られて、英語を話すことができる人が東京に比べると圧倒的に少ないということです。関西に留学したくても語学が壁となり、関西ではなく、東京に留学してしまう人が多いそうです。つまり、一般の人やお店、さらには行政の窓口などでも英語を話すことができる人が東京に比べ、大阪などでは少ないというのを、取材の中で聞いたことです。

市川　ありがとうございました。今回は非常に幅広い視点から、東京と大阪ということで、皆様の視野が広がるお話がなされたのではないかと思います。
また最後の質問にもありましたが、私も関西の大学で教鞭をとる立場として、関西が東京に英語で劣るといわれては悔しいので、いま一度、学生とともに、やはり留学先は関西！　と海外からの学生に言ってもらえるように仕事に精を出さなければと思いました。

第3講

スゴ腕トップの経営哲学
関西のカリスマ経営者が明かす経営哲学

大阪・関西経済の今と未来

最初に大阪の経済、それから関西の経済を振り返ってみて、現状、それから今後を考えてみたいと思います。特に最近話題になっております、インバウンド、訪日外国人観光客、これがどれぐらいのインパクトがあるのかを中心にお話したいと思っています。

リーディングカンパニー不在

なぜ、これほど関西、特に大阪の経済が元気がないのかといえば、やはり大企業が減ってきたのが大きいと思います。本社機能の東京流出ということがいわれますけれども、近年それが顕著になった。経済が縮小するから企業が去っていく、企業が去っていくからさらに経済が縮小する。こういう悪循環が起こっている。なかなか歯どめがきかないということがあるわけです。

どうして大阪、関西はジリ貧なのか。これを三大都市で比較するとわかりやすいのですが、東京は霞が関がありますし、許認可を握るところに情報がたくさん集まり、情報があるところに会社が集まる。さらには人口も多いですから、大きな市場があり、マーケットがあるところに会社が集まる。ここが元気なのは当たり前ですけれども、愛知が元気なのはやっぱりトヨタという企業が大きい。世界一の自動車産業のメーカーがある。これにトヨタの関連を担っている会社が集積して、トヨタが地域経済をぐんと牽引しているという図式がある。

これに対して、大阪も、かつては「関西家電御三家」といいまして、家電メーカーが元気だった時代に松下電器産業（今のパナソニック）、それから三洋電機、シャープというこの三大メーカーが地域経済を、今の愛知におけるトヨタのように引っ張ってくれていたんですけれども、元気がなくなってしまった。

三洋電機はパナソニックに買収され、なくなってしまいました。シャープも今はちょっと良くなっているようですけど、深刻な経営危機で台湾の鴻海（ホンハイ）という企業に買われました。パナソニックも、プラズマテレビの競争で韓国などの製品に負けてしまい、非常に苦しいときがあった。今、パナソニックが強いのは、自動車関連とか、あるいは住宅関連になっています。昔は家電、テレビの印象があったんですけど、今はＢｔｏＢ（企業間取引）に力を入れています。今、パナソニックが強い分野も、実は三洋が持っていた電池の技術であったり、あるいは松下電工が持っていた住宅設備関連を生かしているということで、少なくとも家電のメーカーとしては、世界で存在感が薄いと言わざるを得ない。かつての家電のようなリーディングカンパニー、関西を牽引していってくれる産業がないところが東京、愛知に比べて弱いところになります。

「関西は一つ一つ」

それともう一つ。「関西って、ばらばらだ」といわれます。関西は「一つ」じゃなくて「一つ一つ」だと揶揄するような言い方もありますけれども、何事をやろうとしても、なかなかまとまらない。官と民でも、地域間でも、共同歩調をとって何かやろうということが苦手なところがあります。それぞれに強い個性があるわけで……。京都とか奈良は古い都ですし、大阪は経済の中心であったという自負があって、そのあたりで牽制のし合いなんかもあると思うのですが、そのことが悪循環の一因になってきたと思います。

ただ、逆にいえば、そういう個性は強烈な武器になるわけです。関西には、東京にもほかの都市にもない歴史文化があるし、個性を生かして一致協力して街を盛り上げていこうということをやれば、決して悲観するような状況ではないと思うわけです。

その中で、最近、明るい兆しが出てきた。これがインバウンド、訪日外国人観光客です。私どもの会社は難波にあるわけですけれども、駅を通ると大きな荷物を持った観光客の方に必ず会います。大阪は多くがアジアの方ですけど、京都だと欧米からの方も多いという印象です。大阪はアジアの方、特に中国の方、台湾の方が多いのかなと思います。

インバウンドのインパクト

それで、どれぐらいのインパクトなのかということですが、二〇一六年の訪日客数は二四〇四万人ということで、過去最多でした。日本政府は、観光が一つの大きな産業だということで、二〇〇三年から「ビジットジャパンキャンペーン」を始めたのですが、このときの一年間の訪日客数が大体五二〇万人ぐらい。それから比べたらもう五倍近く、四・六倍ぐらいに膨れ上がっているということで、想像を絶する増え方です。

お客さんが増えると、当然宿泊もしますし、買い物もするし、交通費も使う。その額が二〇一六年は三兆七四七六億円で、これも過去最高でした。

この額、三兆七〇〇〇億円。二〇一六年の輸出額で、日本の主要産業、半導体などの電子部品の年間輸出額が三兆六〇〇〇億円あまり、訪日客の旅行消費を下回っているわけです。あるいは自動車部品も三兆四〇〇〇億円あまりで、これも下回っています。かつて日本を牽引してきた鉄鋼も二兆八五〇〇億円ぐらい、これをも凌駕しています。

電子部品、自動車部品は、輸出総額の五%前後です。旅行消費はそれに匹敵するものを担っているんです。観光は、立派な日本の主要産業だといえるため、ここを伸ばしていくことは非常に重要になってくるわけです。

なぜ、こんなに日本、関西に人が来るのか、外国人が来るようになったのかということですけれども、大きかったのは、一つは政府の政策です。まずやったのが、アジア・東アジア・東南アジアなどから日本に来られる方のビザ発給要件を緩和したり廃止したりということでした。あるいは免税対象の商品を多くして、いろんなものを買いやすくしたことも大きいですし、円安が進んだことも追い風になったと思います。

同時に今、中国や東南アジアの中間層の給料も底上げということで、非常に額が上がってきている。こういう方が来やすくなった。それが観光客が増えていることにつながっているのだろうと思います。

関西特有の事情もあります。一つは関西国際空港（以下、関空）です。二〇〇二、〇三年ごろは、二本目の滑走路をつくって、誰が来るんやと、大批判を浴びていたわけです。

確かに当時の関空は閑古鳥が鳴いている状態で、新規就航とかが全然来てくれない。その状況が近年、変わります。ＬＣＣ、格安航空会社が一気に隆盛になりまして、特にアジア系、日本でもピーチなどは一気に客足を伸ばしました。今、関空を利用する人は、格安航空でアジアから来る外国人が多く、一気に関空を活性化させました。また、関空もそのあいだにコンセッションといいまして、運営権の民間への譲渡が行われまして、官主導から民主導、民間の経営感覚で運営するようになりました。この辺も功を奏し、関空が生き返ったということがありました。

それともう一つはUSJです。これも実は大阪市が絡んだ第三セクターだったんです。そのときは工夫がなくて、ここも閑古鳥が鳴くような状態だったのが、民営化されると、ハリーポッターエリアとか、あるいは任天堂のキャラクターを導入するなどして、今や大人気スポットです。こういう二つの大きな変化。呼び水になるような仕掛け、関西特有の事情があったということも事実です。

多様な成長エンジン育成も重要

指摘されるところでは「でも観光って、地域の産業として安定したものといえるのかな」とおっしゃる方もいます。確かにその要素はありまして、昨今のミサイルが飛んで来るような北朝鮮情勢、あるいはテロが起こるとか、あるいは日中関係とか日韓関係が悪化してしまう、感染症が大流行するなどのさまざまなリスク、こういうものがひとたび起こると観光客が激減してしまうことが過去にもありました。世界一の観光立国でありますフランス・パリでも、やっぱりテロ以降、少し観光客が減ったといわれています。

確かに地域産業として、観光の一本足打法では危険だなというところがあるので、関西でも今、例えばスポーツ産業とか、健康医療産業、ライフサイエンスを伸ばしていこう、複眼的に地域経済を伸ばそうという動きになっています。多様な成長エンジンを同時に育てていくことも非常に重要だと思っています。

観光にはそういうリスク要因もあるのですが、現時点では、外国人の訪日マインドは全然衰えていないのがわかります。二〇一七年の上期、一月から六月をみますと、年間で過去最多の二四〇四万人だった前年の上期を上回り、半年で一三七六万人という数字になっています。単純計算すると、通年で前年の数字を上回ることになります。

また、二〇一六年の訪日客二四〇四万人のうち、一番来ているのが中国人で六四〇万人弱ぐらいなんですけれど、これを中国の人口に落とし込んで考えてみると、一％にも満たず、〇・五％弱ぐらいです。これがもし一％来たら一四〇〇万人近く、一三八〇万人ぐらいになります。この一三八〇万人というのは、二〇一四年の訪日客の総数よりも多いんです。だから、順調に中国から人が来てくれることになると、まだまだ伸びるということになるわけで、そしたら、それに対応しなければならない。例えば、関西でいえば、ホテル不足が指摘されています。

関西の魅力、一致団結して発信を

あるいは、関西の魅力を上げるためにはどうしたらいいんだということで、しっかりと手立てを打っていくことが必要なんだろうと思います。

大阪、関西、じゃあどうしていくべきか。今までは、特に大阪人は、東京一極集中打破とか、東京への対抗心というのが中心だったんですね。これからはもうそうではないんじゃないか。それよりも関西にある独自の魅力を自分たちでしっかりと育てて、それを直接、自分から海外も含めて発信していく、アピールしていくことが大事だと思います。そのためには二府四県、それぞれの魅了を集約する。あるいは外国人の観光客が来やすくなったり、リピーターになったりとか、そういう工夫をしていくことが非常に重要です。

小さい成功体験を積み重ねることも、大きな果実を得るためには必要だと思います。関西の経済界、それから行政も協力して、海外から来たお客様がＩＣＯＣＡをベースにしたＩＣカードを関空で買ったら、大体どの公共交通機関を利用するのも一枚で済む「ＫＡＮＳＡＩ　ＯＮＥ　ＰＡＳＳ」を二〇一六年四月から発売しましたが、これは一つの成功例です。あるいは、無料ＷｉＦｉをどこでも使えるシステムの整備にも取り組んでいる。これは我々が思う以上に非常に好評で効果がある。便利だということで、関西いいじゃないかということにつながっています。

昔は、関空に入ったお客様は、最後東京から出ていく方が多かったわけですけれども、このあいだ、日本航空の方とお話していたら「いや、今はそうでもないですよ」と。逆に「成田とか羽田から入って、最後、関空アウトという人も結構いますよ」と。それだけ関西に魅力を感じている外国人が多いんだろうと自信を持っていいと思いますし、そういう魅力をさらに高めていくことが大事なのかなと思います。

大阪、関西にいると、大きなインフラをつくるときなんか特にそうですけれども、国に陳情とか、政府に陳情とか、お願いが多かった。それよりも、できることはもう地元主導でやっていこうじゃないか、ムーブメントはどんどん自分たちでつくっていこうじゃないかということが大事なのかなと思います。霞が関がないことを逆手にとって、強みにしてほしいなと思っています。

スゴ腕トップの経営哲学

以上が今の関西経済、観光に関する話でした。ここからは「スゴ腕トップの経営哲学」という話をしたいと思います。

弊社では、二〇一五年一〇月から「風吹こうとも　関西経営者列伝」という連載を続けています。毎週土曜日の夕刊（大阪本社発行版、一部地域は朝刊）でやっておりまして、一カ月間で三―四回にわたり、一人の経営者の半生を描いています。皆さん本当に個性にあふれた方々で、毎回おもしろいお話を聞かせていただいています。

先ほども申し上げましたが、大阪・関西からは名だたる企業がどんどん出ていってしまった。それでバブル以降、三大都市圏では関西だけが一人負けみたいになってしまっている。そういう苦しい状況の中でも、しっかりと地元に根を張って、信念を持って、関西から世界へという動きをみせている企業もたくさんある。そういう企業の経営者の方々をご紹介することで、「まだまだ関西も捨てたもんじゃないぞ」ということを読者の方に感じていただけたらという思いから、この連載をやっています。

「いいものを高く」付加価値を大切に

いくつか特に印象に残ったお話をしていきたいと思います。

第一回でご紹介したのは、ミキハウス（三起商行）の木村皓一社長でした。創業は一九七一年、高度経済成長の絶頂期で、大阪万博の翌年です。家業を継ぐのが嫌で、関西大学を中退して証券会社に一旦入られるんですけれども、やっぱり商売をしたいということで、二六歳で起業されました。家業は繊維の会社だったそうですが、どちらかというと薄利多売という事業形態だった。その形態じゃ今からの時代はだめなんだということで、決断されたそうです。

ちょうどこの一九七一年前後は、ファッション性誌の「ａｎａｎ」や「ｎｏｎ－ｎｏ」などが創刊したころで、「これから女性はよりファッション性を求めていく。その女性がお母さんになったときに、やっぱり子どもさんにもそういう格好いい、かわいい服を着せたくなるだろう」ということを見越して、そのころはあまりなかったファッション性の高い子供服、ベビー服を先駆的に世の中に出していかれました。

当時、子供服と、帽子や靴などは、別々のメーカーがつくっていたんですけれども、これを一気通貫でやる。トータルコーディネート、「ワンルックトータル」とおっしゃっていましたけれども、それをやっていこうじゃないかと考案されました。

起業を決意されたとき、手元資金は一七万円しかなかったそうです。けれども、木村さんの熱意を感じた友達が「応援してやる」ということでカンパを募ってくれて、それが二〇〇万円ぐらいになって、それでようやく大阪府の中部、八尾市で起業できた。現在も本社はここに置いておられます。

コンセプトは、「いいものを安く、ではなく、いいものを高く」。付加価値を崩したらだめだと。薄利多売、安いけど品物も良くないというビジネスモデルの逆を行くスタイルでやってこられました。

それから、「日本の市場が少子化で縮小するのは、前からわかっていた」ということで、随分早くから、海外での事業展開と、外国人客に対する取り込みをやっておられます。

ミキハウスは中国の方に特に人気があるそうで、ミキハウスが得意とする原色系っていうんですか、そういう服を好む方が多いそうです。中国国内でミキハウスの商品を買うと、大体三倍ぐらいの値段がするそうですが、日本に来れば三分の一で買えるということで、大盛況だそうです。ミキハウスでは中国人の従業員もたくさん雇っておられます。

何もないところから始めたわけですから、最初は子供服店などへ飛び込み営業に行くのですが、それまでなかった新しいスタイルの提案ということで、最初はなかなか食いついてもらえなかった。けれども、文字どおり地道に歩かれて、だんだん販路を拡大されていったということです。

その勢いをかって、次は百貨店だということで、最初、東京の百貨店に売り込みに行かれたところ、けんもほろろで門前払い。当時、ミキハウスという名前は東京の百貨店ではどこにも知られておらず、だめだった。しかし、ここでへこまないんですね。次に、アメリカの高級百貨店「サックス」に商品サンプルを送るわけです。そしたら「品質テスト、合格です」と返事が来た。海外ではそういう評価を、企業規模に関係なくやってくれる。ということで、アメリカで早くから商売を展開されてきました。

このサックスが、米紙ニューヨーク・タイムズに全面広告を打ってくれたんですが、その広告には「ミキハウス・トウキョウ」って書いてあった。木村社長は「うちは八尾の会社やけどな」とおっしゃっていました。

もちろん苦難や苦境も経験されています。それまで地域にスーパーや大型小売店舗が進出するのを規制する法律があったんですが、二〇〇〇年に大規模小売店舗法という法律が廃止されまして、出店を緩和するという流れになった。創業当初の飛び込み営業のころは、商店街の子供服店とかを回って会社が伸びていったんですが、だんだん小売が厳しくなってくると、百貨店に特化しようという決断をされました。

木村社長は、自分を育ててくださった皆さんに直接おわびしてご説明したいということで、取引先を一軒一軒回られた。大体三〇〇軒ぐらいあったそうですけれども、一回で取引停止を了承してもらえるわけではなくて、けんもほろろというところもある。ずっと土日返上で回られていたらしく、最終的にすべての取引先に納得してもらえたんですけれども、一一年かかったとおっしゃってました。数年前まで、行脚をされていたということです。

人がやらないこと、他社がやらないことを先駆けてやる。ひるまず海外に挑戦していく。他方で、自分の足元を忘れない。木村社長の回では、そういったことが印象的でした。

成功への知恵「神様が授けてくれた」

次は、ハードロック工業の若林克彦社長、この方も創業者です。ねじのメーカーで、若林社長自身が考案された絶対に緩まないナット、「ハードロックナット」という商品を製造販売しています。

ミキハウスの木村社長と同様に、最初は一軒一軒回って契約を取るという感じだったそうですけど、ある私鉄に納められるようになって、そこから性能がすごく評判になって、新幹線でも早くからこのナットが導入されました。それから、ブラジルの重いものを運ぶ貨物の鉄道や、明石海峡大橋にも採用され、原子力発電所や東京スカイツリーにも納めているということです。

東京スカイツリーは、建設中に東日本大震災が起きましたが、そのときに、何か問題があったとか、緩んでいるじゃないかとか、そういうクレームが一つもなかったそうです。震災があって、製品の信用性が逆に証明された形になりました。新幹線では、一六両一編成で大体二万個ぐらいハードロックナットを使っていて、一〇〇万キロ走ったら新品に交換されるそうですが、実はナットは全然緩まないらしいんです。「緩まないけど、替えてくださるからありがたい」とおっしゃっていました。それぐらい性能に自信があるということで、二〇一四年は東海道新幹線の開業五〇周年だったんですが、このときJR東海から、長年にわたって安全運行に貢献してくださってありがとうと感謝状もいただいたという会社です。

この絶対に緩まないナットを思いついたエピソードが、おもしろかったんです。

大阪に住吉大社というところがありまして、若林社長は住吉大社を散歩するのが好きで、よく散歩しておられた。一九七三年の暮れとおっしゃっていましたけれども、このころ、ハードロックナットの前のモデルを「緩み止めナットの決定版」というキャッチフレーズをつけて売っておられたんですが、それが緩むというクレームが絶えずあった。くい打ち機とか、削岩機とか、強い衝撃がある機械ではどうしても緩むことがあって、それで悩んでおられたんです。「何とかせなあかん」とずっと思っていたある日、住吉大社を散歩していて、何気なく鳥居を見たとき、鳥居の縦の柱と、横柱の「貫」の継ぎ目に打ち込まれているくさびに目がいって、「これって、ナットの緩み止めの仕組みに使えるんじゃないか」と、急にひらめかれたそうです。

ハードロックナットというのは、凹凸のある二個のナットを一組にして、くさびの原理で緩み止めをしているそうですが、そのヒントをくれたのが、普段から目にしていた住吉大社の鳥居だったんです。「何とかしたい、クレームから逃れたいと必死で考えていたから、神様が『そんだけ考えているんやったら、知恵をやろう』と、授けてくれはったんやろう」と、社長がおっしゃっていたのが印象的でした。

若林社長は、幼いころから発明が好きだったそうです。子どものころ、疎開先で農作業の手伝いをしていて、しんどそうに種まきをするおばあさんを見て、その辺にあった鉄なんかを持ってきて、楽に種まきができる器具をつくって喜ばれた。学生時代も、ペンに適量のインクがつくように工夫したインク瓶とか、いろんな物を作った、そういうことが好きだったとおっしゃっていました。

大学を卒業してから、いったんボイラーの会社に入ったのですが、ある日見本市に資料をもらいに行く仕事があって、偶然、ナットのサンプルをもらった。何げなくもらって帰ったんですが、もともと発明好きですから、見ているうちに「これやったら、もうちょっと簡単な構造でもっと緩まへんものができるんと違うやろか」と、これが起業の原点になった。そういう運とか、きっかけ、縁というのはあるんですね。また、若林社長もヒト・モノ・カネの何もないまま思い立って独立されたわけですけれども、「何とかなる」という、そういう勢いや開き直りも非常に大切なのかなと感じました。

綿菓子製造器からゲーム業界へ

次のカプコンという会社はゲームソフトの会社です。ストリートファイター、バイオハザード、モンスターハンターですね。世界的なヒットになるようなゲームをつくっている会社が大阪を拠点にしている。辻本憲三会長が創業者でいらっしゃいます。

ゲームソフトは、はやり廃りがすごく早いですが、すごいのは、その中にあって常に先手先手を意識しておられるということです。「何でもおもしろがれ、やってみるんだ」と。それこそが力になるとおっしゃっています。

この方も大変な苦労をされていて、一五歳のときにお父様が亡くなり、二人の弟がいて、家族を養わないといけない。そういう境遇に置かれて、高校は夜学に行きながら仕事をして、一家の家計を支えていました。夜学ですから、登校するときに全日制の生徒が下校するのとちょうどすれ違うわけです。「いいな、あいつらは。やがていい大学とかいい企業とか、そういうところを目指せるけど、夜学の場合は難しい」。でもそこで落ち込んだりするんじゃなくて、勝つにはどうしたらいいか、ならば商売やろう。「もう勉強はやめや」ということで、簿記だけを一生懸命やって、将来に備えたということです。そういう不遇にも負けない、不屈の精神を持っておられた方だということですよね。

それからもう六〇年ぐらいたって、今は七七歳（注：講義当時）ですけど、「環境が大きく変化するゲーム業界だけど、一〇年、三〇年、五〇年先が楽しみです」とおっしゃっていた。昔とまったく変わらないような情熱、バイタリティーを持っておられるんだなと強く感じました。

カプコンの起業は、綿菓子製造器に行列する子どもたちの姿が出発点でした。何のことかというと、高校を卒業されてしばらく働いた後、一九六六年に自分でお菓子屋さんを始められたんですね。そのとき、人に勧められて店先に綿菓子をつくる機械を置いたんです。そしたら、子どもたちが珍しがって、三〇人、四〇人と、ばっと行列をつくった。「これはすごく受けるんだな」と。これが娯楽ビジネス、ゲームという世界を志していこうというきっかけになったとおっしゃっていました。

綿菓子の機械は売れるということで、一時期、西日本の各地へ機械を売りに行った。その先で、今度は古いパチンコ台を子ども向けに改修している業者の人と出会い、儲かるよということで、帰りは駄菓子屋さんやスーパーを巡り、パチンコ台をレンタルで置いて回った。

あるいは、アメリカでピンボールがはやってるぞということを聞いたら、すぐそれを商売にして、やっぱり成功するわけです。その後にテレビゲームと。さっきも申しましたけど、何でもやってみる、やらなきゃ何も始まらないということで、どんどんチャレンジしていかれたわけです。

流れに乗ったのは、ちょうどファミリーコンピュータといった家庭用ゲーム機がどんどん普及していく時期と符合していたんですね。スーパーファミコン、プレイステーションとか、新しい機種が開発され、バージョンアップしていくたびに、最新のリアルな映像のゲームソフトを提供していった。バイオハザードはリアル過ぎて、ＰＴＡからクレームを受けたとおっしゃっていましたけれども、それぐらい反響のあることをやってこられた。

もう一つ印象に残ったのは、従業員、人材を非常に大切にされる。

カプコンは、開発に携わる方だけで世界に大体二〇〇〇人の社員を抱えていて、その二〇〇〇人がアイデアを出して、ヒットするのは年一本、二本だと。「それぐらい人がいないと、いいゲームは出てこない」とおっしゃっていました。

それだけの人を雇うために、例えばゲーム開発の方はかなり夜遅くまで仕事をするのでその方にも合うように、大阪の本社周辺にどんどんマンションを借りて、従業員用にあてがった。あるいは、従業員の子どもさんのために自前で塾をやったり、いろんな福利厚生もやっておられる。「やっぱり成熟した会社でも先がわからんでしょ。人材こそ会社の宝なんだということが基本にある」とおっしゃっていました。

ゼロから出発、海外も見据えて……

そのほかの方々からも、いろんな印象深いお話、エピソードを伺いました。

鳥貴族の大倉忠司社長は、一〇坪に満たないわずか二七席の焼き鳥屋さんから出発されましたが、そのころから「全国展開していくんだ」ということを見据えていました。

コンセプトは「たかが焼き鳥屋で世の中を変えたい」。全品安価な均一価格で提供していることを非常に誇りに思い、大事にしておられました。ただ安かろうではなくて、いいものを安く。その中にはやはり仕掛けがある。お客さんが見て「こんなものまでこの値段で」というものと、店側の利益になるものをうまくミックスさせているわけです。お客さんの方にも「これは客側の得やろう」という商品を探し当てる楽しみがあって、「そういうものも仕掛けとしてやっています」ということでした。

お客さんの平均単価は二〇〇〇円ぐらい。だから「私たちは『家飲み』がライバルだと思っています」ともおっしゃっていました。皆さんが安い値段で非常に満足になる、笑顔になることを大事にされています。もう一つ印象的だったのは、焼き鳥での海外進出も念頭に置いておられたこと。「日本の食は十分戦えます」ということで、非常に頼もしいなと思いました。

それから、プロアシストの生駒京子社長、この方は、もともと大手ソフトウエア会社などで働いていて、旦那さんとめぐり会い、いったん家庭に入られたんです。ところが、ゆっくりと過ごしていたらバブル経済が崩壊して、企業倒産とか、リストラとか、そういうことが連日テレビのニュースやワイドショーで流れるようになった。それを見ていて、「このままじゃ、日本の企業は世界一じゃなくなる」「私だけがこんなに幸せでいいのか。バチが当たる」と思われた。日本企業がもう一度立ち上がる、そのお手伝いを「私がしないといけない」と思い立ち、専業主婦で経営の経験がまったくないところから、企業や研究所のシステム開発などをサポートする会社を一人で興されたんです。プロアシストという社名は、大企業のプロの仕事を、プロの技術をもって支えたいという意味を込められたそうです。

起業する前、働きに出るか、自分で起業するか悩んだそうですが、「過去のことを振り返る履歴書を書くより、未来の企画書を書く方が楽しい」と決断された。企画書を銀行の方に見せたら、これはおもしろいということになって、貸し渋りとか資金繰りが非常に厳しい時代でしたが、それでも資金を貸してくれるということになったそうです。

起業のことは、旦那さんには全然言ってなかった。融資しましょうというめどが立ってから旦那さんに切り出したと。最初は「何言ってんのや」という形で取り合ってもらえなかったけれども、しつこくいうもんだから、旦那さんが「勝手にせえ」といわれた。それを待っておられて、「じゃあやります」と始められたということでした。

もとはシステム開発の会社でしたが、最近は健康器具の開発をされ、それを商品として売るメーカーとしての顔も持たれるようになった。近年は海外との取引もあるということです。

「日本人はどうしても海外の人に対して物おじするところがある。どうしたらいいだろう」ということで、思いついたのが「会社の中を外国にしちゃえばいいんだ」と。どういうことかというと、どんどん外国人を従業員として雇うわけです。「そうすれば、普段から社内が外国になるじゃないか」というふうなことをおっしゃっていましたね。外国人社員にはアジア系の方が多いそうですが、「お昼になったらカレーのにおいがしたり、タイ料理の香りがしたり、非常に異国情緒のある会社になった」とおっしゃっていました。ダイバーシティーという言葉がまだ一般的じゃないようなころから、海外での事業展開を見越して、どんどん人を採用されていました。

「グローバル展開だからこそ」地域に根ざして

シスメックスは神戸の会社で、血球計測装置で世界トップシェア。海外売上高比率が八五%を占めるグローバル企業です。

家次恒《ひさし》会長兼社長は、もともと都市銀行の行員で、頭取秘書も経験された方なんですけれども、シスメックスの前身のトップだった奥様のお父様が急逝された。継ぐ人がいないということで、外部から入る形で継がれました。当時は典型的な中小企業だったんですけれども、やるからには一流にしたいということで、東証一部上場を目標に置かれた。一九九六年に社長に就任され、以降二〇年間で売り上げを八倍に伸ばされました。

家次さんがおっしゃった「イチロー現象」という言葉が印象的でした。「国内市場だけを考えたら、本社を東京に移すことも考えないとあかんのかもしれませんけど、グローバルにみたら関係ない」と。イチロー選手はオリックスから直接メジャーに行った、巨人には行ってませんよね。そういう例えです。「うちも神戸から海外。だからこそ神戸を大切にしたい」とおっしゃっています。

それから、京都企業である堀場製作所の堀場厚会長。創業者の父、雅夫さんから引き継いだ会社を世界企業に成長させた方です。堀場製作所は、自動車の排ガスの測定装置で世界トップシェア。フォルクスワーゲンの排ガス不正問題が発覚したとき、不正を暴いた機械が堀場製だったことも話題になりました。

堀場さんは大学を卒業して、堀場製作所が現地企業と合弁で設立したアメリカの会社に入られたんですが、二代目ゆえか、本社から冷たくあしらわれるような「防人《さきもり》の苦しみ」も経験した。「アメリカ人は、別に私が社長の息子だからといって優遇はしないけど、相手が誰であっても頑張りはそのまま評価してくれると肌で感じた」とおっしゃっていました。こういうことをベースにして、「グローバル企業として生きていくには、きっちりとした評価が必要だ」とも語っておられました。

「おもしろおかしく」。これは、お父さんが考えられた社是です。とにかく楽しんでやってみること。

一度やり始めたことは投げ出さずやろうということだそうですけれども、それを発展的に実践されてきた。ただ提唱するだけじゃなく、海外企業のＭ＆Ａにも積極的に取り組み、その精神を浸透させておられます。

堀場製作所では、「おもしろおかしく」を「Ｊｏｙ　ａｎｄ　Ｆｕｎ」と英語にもしています。買収先企業の従業員ともスピリットを分かち合いたい。堀場さんは、世界中の全グループ社員が「ホリバリアン」だとおっしゃっています。「堀場人としてスピリットを一つにすることができる、それが我々の強みだ」とおっしゃっていました。

ぶれない、逃げない

「風吹こうとも　関西経営者列伝」でご紹介した企業トップの方々には、いくつかの共通項がありました。まずは、ぶれない、逃げない。自ら会社を率い、育てていくうえで、困難にも一歩も引かないというところは、皆さんに共通していました。

それから、やっぱり先見の明というのはすごいですよね。人と違うことをしないと勝てない、一流にはなれないというスピリットは皆さんお持ちでした。これをやってみようと見定めたら、とにかく実行する、それをやり通す力も持っておられます。

問題があったときには、オープンにする。大阪のマッサージチェアメーカー、ファミリーイナダの稲田二千武社長のお話が印象的でした。「若き成功者」としてもてはやされた稲田さんは、会社の仕事は一生懸命やるけれど、キタやミナミで飲み歩いたり、外車を乗り回した。ところが、三〇歳を超えたころから次々と災難に見舞われ、みるみるうちに資金繰りが苦しくなり、銀行から取引停止を通告されたんです。

稲田さんは全幹部社員を集めて、会社の現状を洗いざらい説明し、「これまで申し訳なかった」という気持ちを込めて「再起を一緒にお願いできないか」と訴えた。ようやく社員の心をつなぎ止め、一体となって最後まで頑張るという一筆に全員が名前を書いて、拇印をついて、それで思いを一つにした。それが一九七三年のことだったそうですけれども、稲田さんはこの「血判状」を今もずっと、名刺入れに入れて持ち歩いているとおっしゃっていました。

それから、さっきのカプコンの話でもありましたけど、みなさん従業員を大切にされる。「人材こそが会社の宝なんだ」という強い意識が共通していました。

連載で紹介した経営者の中には、高度成長期を経て成功された方も多いわけですけれども、単に時代に恵まれただけかといえば、絶対そういうことじゃないと思うんです。なぜなら、今も現在進行形でビジネスの世界で戦っていて、結果を出しておられるんですから。そういうことを酌み取りたいということと、もう一つは、関西から直接世界へ出ていくことを実践しておられる企業もたくさんある、こういうことができるんだということを、身をもって教えてくださっているんだと思います。

こういう経営者の方々がおられる限り、まだまだ関西は捨てたもんじゃないし、関西経済もこれから伸びる可能性は十分あると思う。これからも、この企画を通じて関西の成長を見ていきたいと思っています。

質疑応答

市川　質疑応答の時間に入りたいと思いますが、どなたかいらっしゃいますか。

質問者　お話ありがとうございました。経済学部二回の学生です。

やはり新聞記者になることによって、企業のトップの方、経営者の方たちとお話できる機会があると思うのですが、自分もメディア関係にすごく興味があります。そこで、記者になることで経営者の方に会えるとか、その方について詳しくなれるという以外に、何か記者という仕事の魅力というのはありますでしょうか。

内田　ご質問ありがとうございます。やっぱり現場に携われるということだと思います。私は今、主に管理の仕事が多いのですが、やっぱり現場に携わるということ、事象に直接触れられるというのは大きいですね。かつて社会部に在籍していて、橋下徹大阪市政を担当していましたが、橋下さんは、毎日朝夕、ぶら下がり取材を受けるということをやられて、そこから本当にムーブメントが起こるわけです。日本維新の会を立ち上げられるときは、将来総理大臣になるんと違うかなと思ったぐらいで。やっぱり、その動き、社会が変わっていくようなところに身を置ける、それをお伝えできる、というのは最大の魅力です。

市川　ほかにありますでしょうか。

質問者　お話どうもありがとうございました。一般参加の者でございます。今までいろんな経営者の方と面談されて、取材されてきたと思いますけれども、それらの人たちがポイントとする関西の経済発展のキーワードといいますか、何かそういうのがあれば、ちょっとご披露いただければと思います。

内田　もう端的ですよね。下向くな。何でうつむいとんねんと、皆さんおっしゃいます。内向き思考になったり、後ろ向きになったりすると、絶対負けるとおっしゃるんですね。やっぱり勝つためには前向かなあかんし、新しいことを見つけていかなあかん。それがやっぱり関西の発展につながるやろうと。皆さん、僕が特に取材した方々は、東京に出る気がないという方が多かったんですが、いるためには努力せなあかんとおっしゃる方もおられました。常にアンテナを張って、前を向いて、見つけたら行動するということを大事にされているなと。これは皆さん共通だなというのが、私の取材での率直な感想です。

質問者　お話ありがとうございます。関西学院大学経済学部三年の学生です。これらの関西トップの企業の方のお話を通じて、私たち学生が関西の経済や関西自体を盛り上げるためにすべきこととか、何かありましたら教えていただけたらありがたいです。

内田　ありがとうございます。少し関西の経済のところで言いましたけれども、やっぱり寂しいのは、関西の大学に行っておられる学生さんも、就職となると東京に就職したいな、と思うような、あるいはせざるを得ないのかもしれないですけれども、そういう流れがある。それは関西の企業が魅力がないのかもしれないし、元気がないと思われているのかもしれない。

でも、実は関西にもおもしろい会社はいっぱいあるんですよ。例えば、大和ハウス工業とか、積水ハウスとか、よくコマーシャルやってますけど、大阪が本社ですよね。それから、クボタ、ヤンマー。ダイキン工業も、エアコンで世界シェアナンバーワンです。こういういろんな会社があって、それぞれ頑張っているというところを、就職活動とかでよく見てほしいし、さっき紹介したハードロック工業みたいな、決して規模は大きくないけれども、世界で信用されている商品を持っている会社もある。そういうところをよく見てほしいなと。

関西にいてくださいとはお願いできませんけれども、関西にもいい企業があって、やっぱりそういうところも就職活動などを通じて見てほしいなと思います。

市川　ありがとうございます。私は司会者でございますが、せっかくの機会なのでちょっと伺いたいと思うのですが、具体的に、今回挙がった経営者の方たちは、やはりすごくヒトを大切にされているような印象を受けました。

我々、グローバリゼーションの時代に入ってから、いかに人件費を安くするか、いかに正規雇用を減らして、非正規を増やして利益を上げていくか。まさに大学などは、その最たるところで、大学によっては、いかに正規のテニュア教員を減らして、非正規の教員で賄うかという場に変わり果てました。もしこの経営者たちが人材を人「財」としてとらえるような、そういうお心をお持ちなのであれば、それは関西の企業だからなのか、中小企業だからなのか、それともある意味、ワンマントップ企業だからなのか。どういう要因で、こういう人間軽視のグローバリゼーションの時代にあっても、人材を財産だととらえてらっしゃるのか、ということを、教えていただければと思います。

内田　確かにリストラというと、企業経営が厳しいときには特効薬というか、直接的な効果が、財政的にはあるわけです。でも、長期的にみたときどうかということですよね。今がよくても一〇年後がなければやっぱりだめなわけです。この経営者はだめな経営者だったという烙印を押されることになります。一〇年後もこの会社がある。あるだけではだめですよね。成長してなきゃいけない。一〇年後も成長するために一番必要なのは何かと。これはもう人ですよね。人が育たないと上には行けない。会社の規模とか、関西の地域性じゃないと思いますけど、やっぱり経営者の皆さん、すごく思っておられます。皆さん、やっぱり成長し続けないといけないという思いが強いので、そのためには人を育てないと。未来への投資だということをすごく強く思っておられました。

取材した中には、確かに過去、業績が悪くてリストラした、工場を閉じたとかという方もおられましたけれども、ものすごく後悔されて、胸に痛みを持っておられるということも感じました。やっぱり皆さん共通して、人が大事なんだということは強く思っておられると感じます。

市川　ほかにもうひとかたぐらい、いかがでしょうか。

質問者　お話ありがとうございました。人間福祉学部社会起業学科二年の学生です。新聞記者を目指されたきっかけであったり、目指すに当たって大切にされてきたことをお聞きしたいと思います。よろしくお願いします。

内田　ありがとうございます。よく聞かれるんですけれども、実は、そんなに記者になりたいと強く思ってなったわけじゃありません。ただ、人と接したりとか、そういうことは好きだったので、好きなことが生かせる仕事ができたらな、というのもあって、その中に新聞記者があったということです。

実は大変不純な動機なんですけれども、新聞記者って、朝が遅そうだなというイメージがありました。私、朝が苦手だったもので、学生時代。そういうことで新聞社で働こうと。でもやってみたらですね、事件取材をしてるときは「朝駆け」と言いまして、取材対象の人が出てくる前、五時ぐらいから家の前で張っていることもあって。「あー、とんでもない間違いをしていた」と思うこともありました。そういうことが経験できるのも非常に楽しくて、やっぱり人と接するということが動機になったかなと、今になって思います。

第4講

「二〇世紀少年」の夢再び
万博誘致レースの今後の展開

成功体験　一九七〇年万博

今、経済部の中でも関西財界を主に取材しておりまして、関西財界、つまり経済団体、関西経済連合会（以下、関経連）、大阪商工会議所、そういった関西経済全体、関西経済の活性化に向けて、いろいろ活動している人たちを取材しています。

その関西財界が、今、大阪で一番力を入れているのが八年後の万博で、誘致に向けては、二〇一八年に開催国が決まってしまうため、今から財界関係者が一生懸命、ＰＲを行っています。

今回は「二〇世紀少年の夢再び」ということで、成功体験に基づくものです。それは、一九七〇年の大阪万博が非常に盛り上がったことです。当時は「人類の進歩と調和」で開催されました。やはり、東京オリンピックに続いて大阪万博で、戦後の復興が、これでようやく完成したという形で、日本国民が非常に一体感を持って、この万博を受けとめました。しかも各国がパビリオンを出展して、月の石が有名ですが、宇宙船などさまざまな科学技術が展示されて、非常に華やかだった。さらに、若手芸術家が積極的に参加しました。当時三〇代の方、今も活躍してらっしゃるコシノジュンコさんとか横尾忠則さんも起用されて、非常に文化的にも高い水準で、前衛的で、挑戦的な試みが行われました。

ここで注目しておきたいのは、この万博が、当時小学生だった方、現在、五〇代の半ばから後半ぐらいの方たちにとって非常に強烈な印象を残したということです。

例えば、関西経済同友会（以下、同友会）で、現在、代表幹事をしているコクヨ会長黒田章裕さん。この方はグレープフルーツをこの会場で初めて食べたエピソードを語っています。あるいは、今回、万博の構想にかかわっている大学教授の橋爪紳也さんですが、何回も万博に足を運んで、全パビリオンを制覇したとおっしゃっています。皆さん、口をそろえて、すごい出来事だったとおっしゃっています。

この万博が成功した後、日本ではしばらく万博が続いて、一九八五年のつくば万博、二〇〇五年の愛知万博が開かれました。私も小学生のときに、つくば万博に行きまして、三菱未来館で未来の乗り物に乗ったり、集英社館で映像体験したり。やはり、その当時も万博は非常に企業的なイメージがありました。大阪万博を体験した方ほどの強烈な体験ではないですが、すごく楽しいイベントだったという記憶がありま す。

そういう万博を記憶している世代、いわゆる二〇世紀少年という、二〇世紀に少年時代を過ごした人たちにとっては、万博は非常に明るいイメージを持って見られているということです。ここが、今度の万博にかかわってきます。

二〇二五年万博を大阪に

さて、二〇二五年、万博を大阪に持ってこようという試みです。この背景には、まず一つには東京一極集中を是正しないといけないということを、関西財界もそうですし、行政も共通して課題にしています。その中で、二〇一三年に東京五輪開催が決まった。

しかも安倍政権発足後、翌年に東京五輪開催が決定して、非常に未来が開けてきたような雰囲気があったかなと、私は思っています。そういう中で東京五輪をやるのなら、もう一回、大阪で万博をやろうと二〇一四年に最初に大阪府の松井知事が提唱しました。

ただ、このときの提案を、少なくとも関西財界は非常に冷ややかな目で見ていまして、「今さら万博か」「今さら万博をやって、何かいいことがあるのか」「お金ばかりかかるじゃないか」ということで、割りと引いた目で見てたんです。その雰囲気は、昨秋、安倍政権が万博を推進すると明言したことで局面が変わりまして、関西財界も国がやるんだったら、これは今までのような否定的な見解をとるわけにはいかない。決まった以上、やらざるを得ないということで協力姿勢をみせています。

段取りとしては二月に誘致委員会、地元組織プラス日本経済団体連合会（以下、経団連）を加えたうえで誘致委員会を発足させて、オールジャパンの体制をつくる。そのうえで、四月に国で誘致方針を閣議了解し、ＢＩＥ（博覧会国際事務局）に立候補申請を行ったということです。この時点で、国として万博をやりますと手を挙げた形になります。

　万博の内容をみますと、テーマとしては「いのち輝く未来社会のデザイン」で、サブテーマとして「多様で心身ともに健康な生き方」「持続可能な社会・経済システム」です。特に日本は少子高齢化が進み環境問題等、今までの経済発展一辺倒とはいえない、さまざまな問題が出てきています。他方、途上国では人口増加の問題とか、いろんな問題が地球規模で進展していることで、それに対して、新しい環境技術を駆使することで、新しい未来社会を切り開いていこうということです。万博をそういった実験場にしたいということです。

　もう一つ、環境技術の活用だけではなく、コミュニケーション技術も重視しているところが特徴です。インターネットをはじめ、最近出てきている仮想現実とか拡張現実とか、ＩｏＴもそうですし、そういった情報通信技術が発達してきていることに注目して、来場者のみならず、世界中をつなぐことができるのではないか。キャッチフレーズとしては、「みんなで世界を動かす万博」とか「常識を越えた万博」。参加者三〇〇〇万人を想定していますが、三〇〇〇万通りのいろんな多様な体験が会場でできるということです。会場に来なくても、インターネットを使って参加できるような万博にしたい。当時の想定で、世界八〇億人が参加できる万博にしようということを目指しています。

　万博というのは伝統的に各パビリオンで展示を行って、いろんな体験をしてもらうのですが、それにとどまらず、来場者同士のコミュニケーションを実際にしようということです。単に見るだけでなく、来場者にもさまざまなことを発信してもらいたい、コミュニケーションをとってもらいたいと考えています。

今までの、未来の新しい技術を披露するだけじゃなくて、それを地球規模でいろんな課題に対して解決策を示そうという課題解決型の万博にしようということが、ＢＩＥの方針で採択されたのが一九九四年だったと思います。そういったＢＩＥの方針があって、その方針に沿った今回の会場構想になっています。

動き出した誘致活動

動き出した誘致活動は、現在急ピッチで準備が進んできていまして、安倍政権の万博推進方針がほぼかたまって、関西財界としても、関西としても、やろうと決めたのが二〇一六年の秋、一一月ごろですが、それから誘致委員会の発足、準備申請と進めてきて、誘致活動が本格的に動き出したのが、六月のパリのＢＩＥ総会での初のプレゼンテーションとなりました。

このときは松井大阪府知事をはじめ、経団連の榊原会長、関経連の松本正義会長が参加し、披露した映像がYouTubeで見られるようになってますが、ここでは大阪、関西の魅力をＰＲしています。大阪、関西のいろんな魅力、伝統文化とか食文化とか経済のリーダーシップ、産業・ものづくりの集積地であるとか、そういった多方面で多彩な魅力がある地域ということを、ひたすらＰＲしています。さらに、ほかの立候補国と際立って違っていたのが、安倍首相がビデオメッセージを寄せたことです。これは、ほかの国にはありませんでした。安倍首相が登場して、神戸製鋼の職場の方たちに、政治の世界に向けて、背中を押してもらうという話等々をやってましたけれども、安倍首相と関西とのつながりを披露したわけです。

安倍首相が前面に出て、政府としてこれを全面的にバックアップしてやろうとしてますよと示したことで、関係者の受けが非常によかったと聞いています。安倍首相は在任期間が日本の首相にしては長くなっていて、わりと国際的にも知名度があって、信頼感もあると評価もされているので、その点は非常によかった。松井知事もなれない英語でプレゼンしたわけですが、非常に好感触を得ています。オールジャパンの手ごたえを感じているということです。

ただ、このときは、ひたすら大阪は魅力的なところですよとアピールしていたので、万博の中身についてはまだ発表されていない段階でした。なので、どういう万博をやるかというのは、さっき、説明した大まかな内容にとどまっていて、なかなか万博自身の魅力については、言及できなかった。それを今後、次の段階で積極的にPRしていきたいという方針です。

関西財界としては、このプレゼンテーションを皮切りに関西財界、大阪府・市、あるいは関西広域連合といった行政主体で国内機運の醸成に取り組んでいます。一つは、ロゴマーク（図1）を誘致委員会でつくりまして、このロゴマークの入ったポスター、デジタルサイネージを駅のコンコースや企業のビルの中にも掲示して、とにかく積極的に、万博を二〇二五年に誘致しようとしていることを周知しています。

関経連が吉本興業所属のNMB48の三人を起用してPR映像を制作しまして、甲子園球場でナイターの前に流したりしていました。西川きよしさんとかハイヒールリンゴ・モモコの二人とかをイベントに呼んでPRしてもらったりしています。とにかく、未来を考える万博が二〇二五年に始まりますから、皆さん、よろしくお願いしますとひたすら言っています。

その一方で、それは国内機運の醸成ですけれども、海外へのＰＲ活動も始めています。結局、開催国を決めるのはＢＩＥ加盟国が投票で決めるわけで、オリンピックと違うのは、オリンピックはＩＯＣの委員が投票するわけですけど、万博は加盟国、国として投票するので国と国が働きかけをする。日本政府が各国の政府に対して、日本の万博の票を入れてくださいと働きかけるのが基本で、それを外務省・経済産業省が中心となって、基本は大使館ルートで働きかける形でやっています。

さらにあらゆる機会をとらえて誘致をしていこうということで、関西財界としても経済団体の各会員企業の取引先に、こういう万博がありますよということでＰＲしてもらったりしています。

二〇一七年六月から九月にカザフスタンのアスタナで開かれた万博へ、関経連の松本会長や同友会の鈴木代表幹事らが出かけていきまして、そこで各国の大使・高官に万博をＰＲしていました。今の段階では政・官・財を挙げて、万博をＰＲしている状況です。

OSAKA-KANSAI/JAPAN
EXPO2025

図１　大阪万博2025ロゴマーク

そういう中で、九月にようやく経済産業省がビッド・ドシエ、日本語でいうと招致提案書ですが、会場計画の詳細を記載した書類をＢＩＥに提出しました。これは各国も提出しています。ここで初めて、会場のイメージが明らかになりました（図２）。これまでは、万博をやりますよとひたすら言って、どんな万博なのかがまったく見えてこなかったわけですが、これがやっとできました。

七月の時点で私もいろいろ取材してたんですが、結構、英語とフランス語に翻訳しないといけないので、その翻訳作業、英語に翻訳するのに一カ月かかりまして、非常に時間と手間をかけてやっていました。明らかにはされていないですが、有識者、大学の先生とか、おそらく経済産業省が主導してそういった方々の意見を聞きながらまとめたのが会場構想です。

どういうものかというと、一番の特徴が、あえて中心にシンボルとなるものをつくらない。離散型、非中心といっています。なぜつくらないか、そこは一つの理念があって、このビッド・ドシエの中に書いてあるのが、個と個の関係、多様性の中から生まれる調和と共創によって形成される未来社会を実現するというものです。

図２　大阪万博2025会場イメージ

さっきも言ったように、あえて中心と周辺という、今まで特に西洋社会の考え方として、伝統的な概念が万博でも通常だったんです。最初の一八五一年の第一回の万博ではロンドンで水晶宮というパビリオンが建設されて、非常に目を引きましたし、一番有名なのは一八八九年のパリ万博でのエッフェル塔です。そのエッフェル塔は、今でもパリでの一番の観光名所になっています。あるいは一九三九年のニューヨーク万博でも巨大な球形のオブジェが出現して、その斬新なデザインが、モダンな万博を演出していました。一九七〇年の大阪万博のときも、太陽の塔が非常に注目を集めましたが、今回そういうものはあえてつくらない。そのかわりに、会場内の五カ所に「空」という大広場をつくって、あえて真ん中にぽかっと穴があいたような広場をつくって、そこで来場者の交流を促そうということです。

ビッド・ドシエの中に書かれているのは、日本の文化の中に、伝統的に「空」という精神文化があって、それをあえて表現する。しかも、それプラス多様性を重視して、こういった会場のパビリオンの形や配置は、例えば葉の葉脈、葉の表面の模様だったり、キリンの体の表面の模様だったりします。自然界にあるパターン、幾何学パターンをモデルにパビリオンを配置します。自然界にある多様性を一つの理念として取り入れています。

多様性の中から、コミュニケーションによって新しい未来社会をつくっていこうという、そういう理念を表現しています。

詳細をいうと、中央部にパビリオンがあって、西側のグリーンワールドに芝生を植えて、そこでみんなが休めるように、くつろげるようにする。ここに、今、夢洲《ゆめしま》の水をあえて利用して、水の空間を楽しんでもらおうと、歩けるような桟橋をつくって散策してもらうという計画です。

これが空間になっていて、大きな広場でみんなが交流できる。ここで拡張現実、映像が浮かび上がって、そこでいろんなメッセージを交換できるということです。多分、ここにロボットが歩いていたりすると思うんです。ロボットが歩いていて、そこでいろんな情報交換ができる。そういうコミュニケーションの場にしようということです。

この会場構想で一番注目されたのが、図3の夕焼けのデザインです。大阪湾は西に向けて開けていて、夕方になると夕焼けが非常にきれいに見えるので、これを一つアピールポイントにしようと担当者は言っています。

図3　大阪万博2025会場構想（夕焼けデザイン）

これが、九月二二日の大阪で開かれた政府の会合で、初めてマスコミ向けに明らかになりました。これについては、関西財界がどう受けとめたかというと、「まあいいんじゃないですか」という感じです。関経連の松本会長は、こういった空というのは、企業としても展示していくうえで貢献していけるんじゃないか、先端技術をここで導入できるとか、そういうコメントをしています。同友会の黒田代表幹事も、さっき言ったような概念を実現するうえではおもしろい設計じゃないかと、好意的なコメントをしています。

一方で、鈴木代表幹事は、あえてシンボルをつくれとは言わないけれども、この後に何が残せるかというのを、もう少し示してほしいと言っています。万博は終了後、基本的にパビリオンは取り壊してしまうので、残るのは非常に例外的で、太陽の塔とかああいったものが例外的なケースです。終わったら更地になってしまうんですが、経済界の基本的なスタンスは、もともと消極的だったわけです。それは、なぜかというと、万博をやったところでどうせ壊してしまう、なくなってしまうものに金は出せませんよというのが企業の基本的な立場でした。なので、これによって今後の関西経済の発展に帰するようなものを残していきたいということをずっと言っていました。やる以上は協力しますけれども、それを将来の発展につなげるようにしてほしい。

もう一つは、同じ夢洲の隣、隣接地にＩＲ（統合型リゾート施設）をつくろうという計画を大阪府・大阪市が立てまして、カジノ・ホテル・会議場を建設するのは、万博より少しちょっと早いスケジュールで建設しようとしています。それにあわせて、夢洲・咲洲《さきしま》からの鉄道網や地下鉄を整備しよう。インフラ整備を進めて、夢洲を一つの経済・文化の発信地とし、外国人をここに呼んで、観光の面でもここを拠点に各地の観光地へ誘導していけるような、一大センターにしようという計画です。

このＩＲは、経済界として収益性があるということで非常に期待しており、それと連動する形で万博を考えています。相乗効果でこの夢洲を整備して、経済の活性化につなげていきたいというのが関西財界の基本的な考え方です。

ＩＲについてはいろいろ意見があるんですが、基本的にはＩＲと万博を一体で整備することで、大阪を浮上させせようと言っています。ですから、万博が終わった後、ここに何が残るのかというのをこれから考えていかないといけない。今、万博とＩＲは別々に議論されているんですが、どうしてもＩＲと連動した、その後の長期的な計画にならざるを得ない。まだ議論が進んでない段階で、それを特に今後、考えていかなければいけません。

ライバル国の動向

誘致合戦の話に戻します。ライバル国の動向はどうか、フランス・ロシア・アゼルバイジャンと日本の四カ国の争いです。二〇一八年一一月のＢＩＥ総会で投票が行われて、一七〇カ国が加盟国ですけれども、その投票で決定します。

今、ヨーロッパ四六カ国から四七カ国に増えまして、プラス、アメリカが五月にＢＩＥに再加入したので一七〇カ国になります。

投票の具体的な手順は、四カ国で投票総数の三分の二を取った国が当選する。三分の二を取った国がなかったときは最下位の国が抜けて、もう一回投票して、そのときも三分の二が取れなかった場合は、また最下位が抜けて、最後の決選投票では過半数を取った国が開催国に当選することになっています。

その選挙に勝ち抜くうえで鍵を握るのはアフリカと中南米です。ヨーロッパは、やはりフランス、あるいはロシアに大部分が投票するだろうということです。そうすると、アジアはわりと日本に好意的な国、東南アジアの国が多いので、そこは取れるだろう。まず数が多いのはアフリカ・中南米です。今、この国々に力を入れて、政府筋がＰＲ活動をしています。

例えばアフリカ・中南米に票を入れてもらうためには、何が必要かというと途上国にどんなメリットを示すかということです。やはり出展するメリットがあるから開催に賛成するわけで、何のメリットもないのに国として投票するという判断はなかなかできないだろうと思います。

具体的には、ビッド・ドシエ、会場計画が非常に重要な判断材料になってきます。それをベースに、BIEが二〇一八年一月から三月にかけて各開催地を視察しますので、そこで国内機運がどれぐらい盛り上がっているか、会場計画、会場の現状はどうなのかとか、あるいは終わった後どんなレガシーが残るのか、財源はどうするのか、いろいろ細かいチェックが入りまして、その結果、BIEがレポートをまとめて、そのレポートを各加盟国がみて、最終的に判断することになります。

今回は、万博はオリンピックに比べて、それほど世界的に注目されておらず、近年の万博は二〇世紀の万博ほど集客力がなくなっています。二〇一五年のイタリアのミラノ万博のときも、イタリアという人気のある国、観光国であるにもかかわらず、来場者が六カ月間で二二〇〇万人。一応、二〇〇〇万人というオーダーがここ一五年、二〇年の万博の目安になっていて、一九七〇年の大阪万博が六四〇〇万人ですし、それ以前の万博でも三〇〇〇万人。それはのぞめないような状態で、万博関係者によると、ミラノ万博もなかなか盛り上がらなかったという声が聞かれるほどで、あまり万博は注目されていませんでした。今回は注目されているかというと、そうでもないですけれども、ただ、今回はフランスと日本という文化的な水準が世界でも非常に高いとみられている東西の二大国が立候補したことで、注目を集める要素になっていると思います。

フランスに絞ってみると、フランスはどういう万博を掲げているかというと、テーマとしては「共有する知識、守るべき地球（Sharing our Knowledge, Caring for our Planet)」。地球環境の保全に焦点をわりと絞ったテーマ設定をしていて、地球に見立てた大きなパビリオンを建設して、この中でいろんな先端技術を駆使して、世界中、フランスの各地域をつないだコミュニケーションがとれるパビリオンを周辺に配置しようという大まかなイメージを示しています。

六月のプレゼンで印象的だったのは、若者を登場させて、若者による万博を強調していました。日本も若者、学生が企画に参加していますが、このときのプレゼンでは、フランスが、若者がこの万博をつくっていくんだと非常に強調していました。

七月に、パリ近郊で四カ所の自治体が名乗りを上げていて、七月にようやく決定したんです。それがエソンヌ県サクレーです。ここはフランスのシリコンバレーといわれて、研究教育機関が集積しているそうです。原子力庁とか、あるいはダノンという、日本でもヨーグルトなどを販売している、食品メーカーの研究所だったり、大学、エコール・ポリテクニークという工業系の高等教育機関、フランスでも非常に水準の高い教育をしている教育機関があります。そこで万博を開催することで、科学技術の国際プラットホームにしようというねらいがある。

この点は大阪と似ていなくもない。大阪も医療産業、神戸に医療産業都市があったりして、医療産業が集積しているとか、あるいは伝統的ものづくりが発達している。

日本との違いは夢洲という、今はまったくの更地で非常に広い土地が確保できるところが日本の一つの利点で、フランスの場合はすでに建物は建っていて、農村地帯であること、その辺の違いはあります。日本としては夢洲の広い空間を自由に使えるところが一つのアピールポイントになります。

ロシア、アゼルバイジャンもみますと、この両国については具体的な会場構想が、まだ明らかになっておらず一応、テーマだけは決まっていて、ロシアは「世界を変える、将来世代のための技術革新とよりよき生活」。私の訳ですが、Changing the World: Innovations and Better Life for Future Generations となっています。アゼルバイジャンは「人的資本の開発、よりよき未来の建設（Developing human capital, building a better future)」です。

両国について、ロシアはヨーロッパや中央アジアでは非常に影響力があるんですが、アフリカとか中南米はどうかと、それほど影響力はないとみられています。ただ、プーチン大統領が陣頭に立てば、やはり発言力のある人なので、どう動きが変わってくるかわかりません。

アゼルバイジャンという国はコーカサス地方の小さい国で、この国のネックはアルメニアという隣国と紛争を抱えていて、BIE総会のプレゼンのときに、アルメニアが「アゼルバイジャンには万博を開催する資格はない」と出席者が公言したことで、早くも、このような問題を抱えている国に万博が開催できるのかという疑問が出てしまいました。

ただ、こういった途上国が万博を開催することで、経済発展のきっかけにしようという意味合いもある。そこはBIE加盟国がどう判断するのかになるので、あながち小さい国だからといって軽視はできないと思っています。

焦点を絞って、アフリカからみた日本とフランス。アフリカからみて、例えば日本で開催するとどんなメリットがあるか。あるいは日本に投票しようとする要素は何かを考えると、一つはODA、地道な経済援助を日本はアフリカ各国に行ってきた結果、日本に対して非常に好感を持っている国が多い。東日本大震災のときに、非常に貧しい国がなけなしのお金を寄附してくれたり、日本に対して恩義を感じている国が多いとみられます。

聞いている話では、やはりアジアの中で経済発展を遂げた国ということで、日本はアフリカからみても、非常に学ぶべき点が多いとアフリカの高官が言っていると外務省の方が言っていました。日本が、特に東南アジアの各国に対して援助をすることで、東南アジアは非常に経済発展しているんですけれども、アフリカも日本の方式によって発展していけると言っているアフリカの政府関係者が多く、日本に期待している方が多いです。

もう一つは治安が良いことです。フランスでテロが続発していることとの比較であるんですが、日本でもテロがまったく起こらないという保証はないですけど、今のところは治安が良い。また、京都・大阪のブランド力。特に京都は非常に観光地として魅力的だと、世界でも人気があります。

あとは、一九七〇年万博以来の優等生であることです。万博をいくつも開催して、曲がりなりにも成功させてきた。そういったイベントを成功させるうえで、非常にすぐれた国だというのは、これは東京五輪の誘致成功の大きな要因でもあると思います。そういった安定感・信頼感がある。これが日本開催のメリットです。

ではアフリカからみて、フランスに入れようという動機としては何か。まず、アルジェリアや、アフリカの中でもかつてフランスの植民地だった国は、フランス文化に対して親しみを持っている国が多いです。フランス語を話している国も多いですし、そういった文化に親しみがある。特にアフリカのエリート層です。庶民のあいだでは、わりと伝統的なアフリカのそれぞれの文化が根づいてるんですが、エリート層、政界とか経済界を動かしているような人たちはフランスに留学したりしている方が多いので、フランスの文化に親しみがあります。それから、地理的な近さだとか、政治とか経済の関係の深さ、実質的な、緊密な関係を築いていることがあります。

あとはフランス・パリのブランド力です。世界的にも非常に強い力を持っている、文化的にも吸引力があるブランドを持っている国です。

また、元祖万博への期待感もあります。フランスは一九世紀から二〇世紀前半にかけて、立て続けに万博を開催して、元祖万博といわれています。フランスが万博を開催するのは一九三七年が最後で、それ以降、開いていないということで、おおよそ九〇年ぶりに開く万博に対する期待感が盛り上がってくるのではないかと思います。

もう一つ、考慮しないといけないのは、注目されるのは二〇二四年のオリンピックがパリで開催されることが、この九月に決定しました。パリ五輪の影響がどうなのかということで、五輪に引き続いて、次の年に万博を開くということで、二年続けてフランスでやることに対して、各国がどう判断するのかということがあります。二〇二四年にパリでやるんだったら、二〇二五年はアジアで万博をやったらいいじゃないかと考えるのか、やっぱりパリで盛り上げていこうとなるのか、その辺はわからない状況で、そこは一つの注目点となります。

フランスの国内でも、やっぱり現地を取材した記者によると、五輪は非常に盛り上がって、日本と同じですけれども、オリンピックをまずやらないといけないということで、万博はそんなに盛り上がっていません。一般市民の視点では盛り上がってないと言ってます。財政的な問題で、二つやれるのかという問題もあるそうです。

中国が、近年、アフリカに対して経済援助を強化していて、非常にアフリカに対する影響力を強めているということで、この辺がどう出るか。中国は今、日本の万博誘致についての働きかけに対しては、検討しますと言ってるらしいのですが、中国が日本での万博に対してどう考えて、アフリカの影響力をどう行使してくるかというのは、そこも一つの現実的な観点であるかと思います。

誘致に向けた課題

最後に誘致に向けた課題です。スケジュールとしては、一一月一五日に日本のプレゼンが予定されていますが、そこで、先ほどの会場構想をもとにプレゼンテーションを行うことで、どれだけアピールできるかが一つのポイントになってきます。年明けの現地調査、二〇一八年の第三回のプレゼンの後、開催の決定という流れになります。だから、あと一年しかないのです。

一番目の課題は、出おくれをどう挽回するか。フランスがＢＩＥに立候補申請したのは二〇一六年の一一月なので、日本は半年準備がおくれている。そのおくれをどう挽回するかです。特に国内であんまり盛り上がっていないということは、実感としておわかりかと思いますが、数字のうえで、誘致委員会の会員数が九月一五日現在、六万二〇〇〇人です。これでも三月から会員を募ってこれだけ集めたのは、結構、急ピッチで伸ばしてきてるなとは思うんですが、フランスが一一万人、ホームページ上でサポーターを募っているので、これをいかに上回るか。

開催の認知度は、とにかくポスターを張りまくって、二〇二五年に万博をやろうとしていることは広まってきたと思うんですが、具体的に行きたいとか、やりたいというイメージがまだ伝わっていないなと思います。そこを、いかに国民レベルにしていくかというのが最大の課題です。

政官財で関係者は一生懸命やってるんですが、上で一生懸命やっているだけで、市民のあいだでは広まってない。これは、まだ開催も決まってなくて、開催まで八年あることで仕方のない部分もあるんですけど、やはりその点が、特にBIEが現地に来たときに注目される、判断されるところです。

万博が直面する問題としては、まず、政治情勢が不透明さを増しているのがあると思います。ご存知のとおり衆院選が二二日に投開票されますけれども、安倍政権の状況いかんによっては万博も影響される。安倍首相が仮に政治力を失うことになれば、この誘致に向けた推進力を奪われることで、万博誘致にとっては不利。たとえそうなっても、政府として誘致する方針は決まっているので、その点は変わりないですけれども、力の入れようは変わってくると思います。

二番目は、北朝鮮のミサイル問題、安全保障問題が緊迫していることで、これがどうなるか、仮に北朝鮮、朝鮮半島で軍事衝突が起こるような最悪の事態になれば、いや応なく万博にとっても不利に働く。いくら関西が頑張っても、政治情勢の動きによってはどうなるかわからない状況ではあります。

三番目は会場建設費をどう集めるかです。会場建設費、道路整備、会場内部の道路整備とか基本的な施設の整備、そういった点について、会場建設費として、試算では一一・三億ドルが出ていて、これを円に直すと約一三〇〇億円になります。これを国と地元自治体、民間で三分の一ずつ負担するのは閣議了解のときに合意してまして、国と自治体は出せるんですけど、民間で三分の一を、おおよそ四〇〇億円をどう調達してくるか、非常に頭を悩ませています。

民間は経済界、経団連・関経連・関西財界、要するに企業でその四〇〇億円を集めてこないといけませんので、これは非常に難しい問題です。ただ、お金の問題は誘致が成功すれば、何とかなると思っています。国もある程度支援するでしょうし、その辺は、決まってしまえばどこかで調達せざるを得ないわけですから、それで調達できないのでやめるということは、まずあり得ないので、これは関西経済界、関経連の人たちに頑張ってもらうしかないと思っています。

四番目に、これは誘致が成功した後の話ですけど、今回の万博が、かつての一九七〇年の万博のような集客力がないのは明らかです。そこで、未来をみんなで考えましょうと言ってるだけでは、人は来ないと予想されます。何か楽しめる企画や行きたくなるような設備が不可欠で、万博は単なる娯楽ではないので、未来の技術をどういうふうに体験できるか、というおもしろさをどこかで演出しないといけない、こういった大事なポイントをこれから考えていかないといけないんです。実際に誘致が成功すれば、本格的に進めていかなければいけません。

私がインタビューしたコシノジュンコさんも言ってたんですけど、万博はとにかくデザインを重視して、この夢洲の中でどんなデザインができるか、まったくの更地なので本当に新しいことができる。いろんな試みができる。そこでオリジナリティーのあるデザインをいかに演出できるかがポイントになるとおっしゃっています。

最後に、終わったあとに何を残すか。終わった後、また更地になってしまうのではやってる意味がない。二〇二五年時点での未来を考えて、二〇五〇年の世界をどう描くか、やはりそこは今の子どもたちが人生を生きていく時期なので、その時代をどう今の大人たちが描き出すことができるか、夢の空間をいかに演出できるか。二〇世紀少年が体験したような、ああいう空間を今の子どもたちにどういうふうに体験してもらえるかも、最終的に目指さなければいけないことだと思います。

質疑応答

市川　最初に質問がある方どうぞ。

質問者　貴重なお話、ありがとうございました。関西学院大学社会学部三回生の学生です。お話の途中でＩＲについて言及されていたと思います。やっぱり水を差すようですが、万博の誘致が失敗した場合であっても、そこを活用できる取り組みというか、案があったほうが財界も意欲的に取り組めると思います。同時進行という中で、万博ができなかった場合でもそこを活性化させていける、そういうアイデアは、まだ話し合いの中では出てきてないでしょうか。

牛島　今のところ、万博誘致に負けた場合の万博の土地をどうするかという議論は、私の取材する限りは出てきていません。万博ができなくてもＩＲはやらないといけないと言ってます。ＩＲは、とにかくやる。けれども、その隣の土地をどうするかというのは、そこの徹底した議論は出てきていないと思います。とにかくあそこに誘致しないといけない、何としても誘致を成功させなければいけないということなので、議論としてはないです。

市川　ほかに質問がおありの方はいらっしゃいますか。

質問者　貴重なお話、ありがとうございました。経済学部二年の学生です。もし、大阪万博の誘致が決まったときに、大学生でも何か万博を成功させるためにできることはありますでしょうか。

牛島　それはあると思います。今、誘致活動の段階でも大学生が参加して、この万博でどういうことがしたいかを発表したりしています。そういう形で参加できることもあります。また、誘致委員会や経済産業省でも議論されているので、多分、若者の意見をどんどん出していけるような場ができると思いますし、ボランティアとかそういった形でも参加できると思います。

そこは従来どおり、万博の枠組み自体が、市民が参加できる枠が限られているというのは、この万博は条約で定められているのでなかなか大変ですが、そこをどういうふうに若者を入れていくかというのは、これも一つの課題ではありますけれども、参加していくことはできると思います。

市川　もうひとかた、どなたかいらっしゃいますか。

質問者　貴重なお話、有難うございました。一般参加の者でございます。

二点ございまして、一点目が、出おくれを挽回するためにどうするのかということです。産経新聞さんはかなり大きなメディアだと思うので、そのメディアとして、こういうことをやっていこう、と思っていることを、お話できるレベルでいいので、教えていただきたいです。

あと二点目としまして、私自身愛知県出身で、ちょうど私が大学生のころ愛知万博があったんです。私も五、六回行きました。他県からもすごく来訪者が来ていました。そこで、大阪万博も他県を巻き込んだ盛り上げがもっとできないかと思っています。これについて、もし何かございましたら、よろしくお願いします。

牛島　まず、マスメディアとして万博を積極的に取り上げていく。産経新聞としても、いろんな課題はあるにせよ、魅力的な万博にしないといけない立場ではありますので、そこは報道を通じて、盛り上げていくことはあると思います。なかなか誘致活動そのものに対してはかかわれませんが、もし、誘致が実現すれば、おそらく会社としても、広告も含めて盛り上げていくと思っています。他県との連携ですが、今、関西広域連合のレベルでは、一緒にやっていこうとなっています。これはもちろん関西だけじゃなくて、オールジャパンの万博なので、そこは日本全国、他県ともいろんな枠組みで協力していくことになると思います。

質問者　そのための具体的な策はありますか。

牛島　具体的な策は、とにかく誘致の呼びかけをしてほしいと、政府側から言っているレベルで、これから具体的にいろんな計画を立案していく中で出てくるのではないかと思います。

市川　今回は貴重なご講演を賜りまして、特に万博について、かなり詳しく理解できたのではないかと思います。こういった国際的な大きなイベントは、ただ単に万博をやりました、というよりも、インフラであるとか、インバウンドであるとか、都市計画であるとか、大阪の新しい形をつくる一つの起爆剤になり得ると思います。そういった意味で、非常に貴重な現場に基づいたお話が聞けたのではないかと思います。

第5講

日の丸家電の栄枯盛衰

電機産業凋落の背景

産経新聞の大阪本社で記者をやっています、橋本と言います。大阪に来たのは四年前ですけれども、その後は、関西国際空港、シャープ、パナソニックなどの担当をして、ちょうどシャープが経営危機に陥ったときは、東京―大阪を往復して、取材をしていたので、割合詳しいかなと思います。裏話も挙げながら、お話したいと思います。

まず、電機メーカーは昔はすごかったということから入ろうかなと思います。

戦後、復興にあたってどんどん成長してきた電機産業ですが、高度成長期にアメリカなどへの輸出などで事業拡大したことで成長を遂げました。その後、バブルの崩壊で、あまり投資ができなくなったりしてしぼんでいきました。薄型テレビで、シャープが強かった二〇〇五年の世界シェアは、一六％ありました。そんなに大きくないにしても、世界シェアとしてはかなり大きかったということが見てとれます。ソニー、パナソニック、東芝、日立、ビクター、パイオニア等の日本メーカーがこれだけ世界シェアを持っていた。電機量販店に行くと、日本製品ばっかりでした。

それが、リーマン・ショックを経て、日本メーカーのシェアは半導体、携帯電話、パソコンでは強かったですが、スマートフォンに関しては、もう日本メーカーはほぼソニーだけになってしまっています。

一番大きいのは、半導体。一九九〇年にはＮＥＣなど、世界の上位一〇社のうち日本が六社を占めるという非常に強かった時代があります。ちょうど二〇〇〇年前後までほぼ一〇〇％に近い太陽光パネルなんかも含めて、日本企業が大きなシェアを持っていた分野がどんどん落ちていっています。

液晶パネルに至っては、ほぼ一〇〇％、カーナビに至ってもほぼ一〇〇％だったのがすっかり凋落してしまった。日本メーカーは技術力が高いので、いいものをつくれば売れるという過信があって、過去の成功体験が障害になってきたんだとよくいわれています。

あと、グローバル意識の欠如というものが、やはり大きいわけですね。世界二位の経済大国なので、一定の内需を確保できていたことがグローバル進出のおくれにつながっていたという見方がされています。あと、横並び意識。日本メーカーの中で生きていけたということもあって、韓国のメーカーなどに出おくれてしまったというのがあります。

外的要因ですが、ちょうど、パナソニックやシャープが液晶パネル、プラズマテレビ等にお金を注いでいたころ、二〇〇八年に韓国の通貨危機で、一気に韓国の通貨のウォンが安くなり二〇〇八年から二〇〇九年にかけてのリーマン・ショックで、世界的に需要が縮小してしまいました。運が悪いといえばそれまでですが。加えて円高が加速したことも日本メーカーがシェアを失っていった要因になりました。

また、製品のコモディティー化、汎用品化が進んだことも日本メーカーにとっての逆風になりました。昔、ブラウン管テレビをつくっていたころは、画質調整にそれなりの匠の技が必要で、そこが日本メーカーの競争力につながっていたのですが、半導体や液晶のようにそれほど高い技術が必要なくても、製造装置を導入すれば、ある程度品質に、多少の難はあっても、それなりの製品を生産できるようになりましたので、一気に液晶とか半導体などはだめになってしまったところがあります。

ほかにも理由があって、一つが一九九七年の韓国の通貨危機。ＩＭＦの指導のもとで、各産業の業種ごとに参入できる企業の数を絞りました。家電ならサムスンとかＬＧとかですね。そこを育てて、競争力を高めていった。日本とは若干、企業の成り立ちが違いますが、そういう背景もあったということです。

それぞれの企業の歴史をみる中で、関西なので、まずパナソニックからみていこうかなと思います。

パナソニックは、松下幸之助が創設し、二〇一八年は創業から一〇〇年を迎える歴史ある企業です。松下、ナショナルというブランドでやってきて、相当海外でも高い評価を得ていますが、失敗の原因になったというのは、今はもう売っていないプラズマテレビという高画質なテレビです。パイオニアなども参加していたテレビですが、うまくいかなかった。

液晶に比べて大画面化ができる優位性があって、スポーツなど動きのある映像がきれいに映し出せるということで、力を入れていたんですが、液晶が大画面化も容易になって、価格も安くなったことで、優位性が失われ、それでも尼崎の工場などに大型投資を続けて、巨額の赤字になってしまったというところがあります。

それとシャープのアクオスというシリーズは世界シェアで、一〇％超も持っていた。世界の亀山工場ということで、かなり人気が高かったテレビです。

シャープの場合、液晶の売り上げに対する比率が高かったので、積極的に投資をしたのですが、また運悪く、亀山、堺に投資しているあいだにリーマン・ショックが発生。その後、もう売れなくなってしまって、リーマン・ショック後の一年間で液晶テレビの価格が三〇％ぐらい落ちてしまった。その結果、製造した分だけ赤字になるようなことがありまして、それが結局は経営危機となって、台湾の鴻海精密工業の傘下に入ることになってしまった。

あと、今は会社としては存在していないのですが、三洋電機。ソニーとかパナソニックに比べると安くてもちょっといい商品をつくり、太陽電池など電池でも高い技術力を誇っていたのですが、新潟中越地震の際、完成したばかりの半導体工場がほとんど動くことなく壊れてしまいました。さらに最悪なことに、この工場は保険に入っていなくて、丸々五〇〇億円ぐらいの損失を出してしまい、経営危機につながりました。

デジタルカメラも強かったのですが、これも同じように、競争激化の中で、単価が下落して巨額の赤字を出しました。その後、電池だとか洗濯機だとかの大量リコールが出て、粉飾決算も表沙汰になりバタバタしているあいだにパナソニックの子会社になってしまいました。強かった白物家電は、パナソニックによって、中国の家電大手のハイアールに売却されてしまいました。それが三洋電機の歴史です。

そして今、紙面をにぎわしている東芝。歴史のある会社で国産第一号の電気冷蔵庫などをつくった会社です。フラッシュメモリーという半導体の分野では世界二位の会社ですが、それが今、半導体部門を売却するという話になっています。家電も結構強かったんですが、やっぱり同じように海外のメーカーに負けて、シェアを落としていったというのが歴史です。

いかに生き残るか。そのための方策

今、日本メーカーがどうやって生きていこうとしているのか見ていくと、脱家電、つまり家電事業にあまり力を入れない。というのは、先ほど言ったように、つくったってそんなに高く売れないしシェアがとれないということもあって、力をそれほど入れてないですね。パナソニックのトータルの売り上げですが、パナソニックは、松下のころから家電で成長していった会社ですが、もう家電の売り上げはわずかな程度しかないんです。

力を入れているのは住宅。これはパナホームや松下電工を統合して、車載機器、ＢｔｏＢという企業向けの事業のほか半導体や電子部品で活路を開こうとしています。

パナソニックの車載事業の売り上げで核となっているのがＥＶ、電気自動車向けの電池。パナソニックはとても強くて、車載向けではほぼトップクラスのシェアを持っています。現在、米国のテスラモターズと一緒にEV向けのギガファクトリーという大きな工場を稼働させています。中国でも同じようにEVの車載電池の工場を、建設しているところです。

もう一つ力を入れているのが、これから出てくる次世代のコックピットといわれているような電子ミラーなど。あとM&A、企業の買収なんかも一定の枠を設けて、新しい事業を買い取っていく形でやっています。

もう一つ取り組んでいるのが昔の製造販売の現地化です。今までは、現地のニーズを充分に把握せずに、日本でつくったものをそのまま輸出していた。だから価格が高くてあまり売れなかった。それではいけないというので、今、アジア、中国で、APアジア、AP中国という会社があるのですが、現地で、いちいち日本にお伺いを立てなくても、自分たちで調べたもので開発生産する戦略に変えています。これが結構当たっていまして、インドなんかはシェアが急拡大しています。

衣類についたカレーの染みがよくとれる洗濯機とか、日本の感覚ではわからない製品をつくっています。これが結構売れています。

中国の冷蔵庫などは結構おしゃれで、冷蔵庫の表面がタッチパネルになっていますね。中国人の好みに合わせているんです。中国人は金色が好きだから、その色も結構売れているということで、今、中国、インドでパナソニックの製品が大分シェアを伸ばしています。

ただ、それでも日本にあこがれを持つ、これから新興国の所得が高くなっていって、安いものでは満足できなくなってくるというのを見越して、メイド・イン・ジャパンを売りにした価値の高い、高性能な製品も市場に投入して、両面作戦でやっていこうと思っているようです。

次、シャープは、業績がV字回復しています。取材してみると、先ほどから言っているように、課題が山積みでした。会社としてもほとんどぼろぼろで、まともに判断できるトップもいないし、赤字垂れ流しても何もやらない。

鴻海になって、何が変わったって言っても、別に大したことをやってないんですよね。はたで見ていると、当たり前のことやってるだけです。

というのは、今まで高い具材を買って来て組み立てていたので、つくるだけで赤字になっていた液晶パネルなどに関しては、原材料の調達価格を徹底的に見直したんです。

例えば、液晶の部品を買うときに、専門の商社を通じて買っていたのを、鴻海の傘下になって、じかに部品メーカーから買うようになったら、その中間のマージンが要らなくなり、安くつくれるようになったというところがあります。

そういう徹底的なコスト削減と、あと何を戴正呉社長がやったかというと、投資に関してもきっちりリターンが得られるかというところを見越して、三〇〇万円以上の投資に関しては戴社長がいちいち決裁していたらしいです。そういう徹底したコスト管理によって、黒字化。二、三年かかると言っていたのをすぐ黒字化しました。それだけ今までのシャープがだめだったということもあるんですが。

あと、強みとして、鴻海は世界中に販路を持っていて、そのラインでシャープが液晶テレビなんかを売っています。足元の中国の液晶パネルは、シャープが伸ばして、一・八倍ぐらいまでいきました。これは、鴻海入りした成果かなと思っています。

ただ、いわれるように魔法を使っているわけじゃなくて、当たり前のことをやってきたということだけです。これ、パナソニックも同じことがいえます。当たり前の市場の読みも全然できてなかったし、コストについての意識があまりにもなさ過ぎたというのが敗因で、当たり前のことをやっただけで、回復しました。

今の東芝も結局はトップ陣がだめだった。日本企業の大企業病というものが、韓国等に負けてしまった原因ではあります。厳しいコスト管理等をやってる会社の傘下になって、シャープも勢いを回復しつつある。これからも多分、成長し続けると思いますが、その原動力として8Kテレビを一〇月から中国を皮切りに発売をスタートしました。ハイビジョンテレビの一六倍、現行4Kの四倍の解像度を持つ、かなり高画質なテレビです。

ただ、ちょっと懸念があるのは、8Kの市場は、シャープ以外はほとんどまともにやってないので、これがだめになると、シャープもどうなるかなと思うところがあります。シャープって、液晶の売り上げが大きいので、本来、パナソニックもソニーもそうですが、パネルを自分たちでつくることはなくて、ソニー、東芝、パナソニックが、有機ELテレビを発売しましたが、全部、韓国のLGから買い取ってきて組み立てだけやってるようなものです。シャープは自前主義があるのと、技術に対して多少の自信があるということで、液晶の次は液晶と言ったのが最後、また次も液晶で御飯を食べようとしているというのがあります。

二〇一七年一一月発売のｉＰｈｏｎｅなんかにも搭載される有機ＥＬパネル。これはもう韓国メーカーがほぼ二社、ＬＧとサムスンでシェアをほとんど持っているパネルですが、実は、シャープも結構昔からやっていたんです。でも資金がなくて、あまり開発できていなかった。これが遅れているため８Ｋのほうにシフトしているという見方もできるので、これに関してはまだ成功するかどうか、あまりわからないです。

あともう一つ、いろんなことに取り組んでいる中でシャープが力を入れてきているのは、画期的な商品「ロボホン」です。開発者が若い女性でインタビューしたことがありますが、最近はちょっと微妙なヒットを生む、ちょっと斜め上の商品が、結構売れているとか。

もともとシャープはシャープペンシルとか、これまでにない商品を出して成長してきた。小さいことではありますが、また少しいいところが出てきているのかなと思います。

日本メーカーが今、取り組んでいるのは、誰でもつくれるような商品はもうつくらない。商品売って終わりというようなものではなくて、いろんな商品を組み合わせて展開したり、その売った先でのサービスの拡大に注力しています。

顧客の目線に立って、顧客の役に立つような商売。よく、パナソニックの津賀社長も言いますが、お役に立つ商売をやっていくと。御用聞きみたいな商売にするんだと言っています。

これからの成長分野

日本メーカーが割合得意で強みがあると思うのは、よくいわれているようにＩｏＴ、ＡＩ、自動運転、などでしょう。

ソニーがやってるイメージセンサー、パナソニックが前から監視カメラとかいろんなもので使っていたセンサーというのが、日本のメーカーは高い優位性を持っています。

これがなぜこれから強くなるかといいますと、ＡＩとかＩｏＴとか、自動運転にしても、人間と同等の機能を生み出すために、目のようなものが要るんです。距離をはかったり、ものを見つけたり。それが実はソニーやパナソニックが強くて、ソニーが業績回復している大きな理由は、イメージセンサーの寄与度が大きい。これからも伸びる分野を日本メーカーが握っているのは結構大きいです。

あと、日本の技術は、電子部品では強いです。例えば、ソニーのイメージセンサーがないと中国はスマートフォンの組み立てすらできないレベルで日本メーカーの強みがあります。

ＩｏＴとかＡＩも結構強い。日本メーカー復活の鍵は、ＩｏＴ、ＡＩ、自動運転に、どこまで食い込めるかではないかと思っています。

ＩｏＴによってインターネットを通じて、自社の製品をいろんな製品と組み合わせてさまざまなサービスができるようになります。これはサムスンではあまりできないレベルで、フルラインナップをそろえている強みで、サムスン、ＬＧは日本市場に入ってこれない理由でもあります、これが実は強みになって、ＩｏＴ時代にまた盛り返せることになるのかなと思います。

シャープも同じことを言ってまして、人に寄り添うＩｏＴ、つまりパナソニックと一緒で、お客さんの課題解決型のビジネス、よくいわれているソリューションです。例えば、工場の自動化。このあいだ、日立がトヨタの工場の効率化のためのシステムを納入したというのはあるのですが、ＩｏＴを使って工場の自動化をする。

これは、日本企業は得意でして、トヨタの「カイゼン」みたいなのもあるんですが、装置と装置をインターネットに結びつけて、トータルで管理することで無駄をなくしたり、ＡＩで故障の予知をしたり、いろんなことができるんです。東芝、日立もそうですが、あまり海外のメーカーが参入していない分野があります。このあたりが実は、今、日本の電機メーカーが一番力を入れているところで、一番強みを出せる、顧客に寄り添って、顧客と一緒にビジネスを組み立てていく、それが売り切りではないというビジネスになっているわけです。

もうパナソニック、ソニーなどは量販店でもまだ売ってますが、実はそういう見えないところのほうで業績伸ばしている。だから、社長自身は寂しくなったとは言いますけれども、それでも業績を大きくしているのは家電とかではなく、こういう新しいビジネスにシフトしているところが、今のパナソニック、シャープ等の動きです。

大企業病、あと自前主義といった悪い点も改善されてきていまして、シャープにしろパナソニックにしろ、オープンイノベーション、すなわち、他業種と組み合わせてできるだけ早く事業化する。今まで投資判断がおくれてしまったという反省から、オープンイノベーションを、自分たちだけでやるのではなくて、よそとも一緒にやりますということで、商品化のスピードを高める取り組みを、シャープもパナソニックも今、一生懸命やっています。そういうところに、反省を生かして、事業拡大を図っています。

ＡＩ、ＩｏＴ、自動運転の分野というのは電機メーカーだけでやるものではなくて、例えば、ダイソンが自動運転車をつくると言ったりしていますが、一業界、一電機メーカー、一車メーカーだけがやるものではないということもあって、他業種と一緒に取り組むというのがこれから必要ということで、海外メーカー、国内問わず、いろんなところが連携しています。例えばアップルがＧＥと組んでＩｏＴの分野で提携したり、もう国境をまたいだ提携で追いかけるのが大変なぐらいです。もうかつてみたいに自前主義でやるようなものではなくなってるというところが今の家電メーカーの事業戦略です。

ＩｏＴって家電だけではなくて、パナソニックの場合、家庭の電力を計測したり、いろんなものをネットにつないでいるというのがあります。では、こういうものを今、どこの会社もやっています。

あと一つ言っておきたいのが、ＩｏＴ、自動車メーカーで、まだ絶対的な支配メーカーがあらわれていない。むしろ、チャンスであるというところも理解していただきたいと思います。

いくらグーグル、アップルは強くても、自動運転、ＩｏＴの分野は、まだシェアをかなり高く持っているところがなくて、入り乱れて開発競争をやっている段階です。ここの闘いをどう勝つかが、これからの日本の電機メーカーの生き残りがかかってくる、と思っております。

あと、日の丸ついでに言いますと、よく日の丸液晶とか、日の丸半導体といいますが、産業革新機構、経済産業省が出資しているファンドを取材したときに思ったのが、「日の丸何とか」というのは、大概うまくいかないんですよね。

歴史を振り返っても、日立、東芝、ソニーの中小液晶パネルのジャパンディスプレイも赤字が続いていて、いつまでたっても有機ELをつくれなかったり。

もっとひどいのは、エルピーダメモリー。これは半導体の会社ですが、経営破綻していますし、ルネサスもうまくいってない。だから、私なんかはシャープが鴻海に買収されてよかったなと思うのは、結局、国が関与するといま言ってきたような悪いところが何も改善されないんです。

日の丸何とかというのは、そもそも負け組同士をひっつけて、規模拡大で、競争力を高めようというものので、何にもならないんです。経営判断も、スピードも出せないというところもあって、日の丸何とかって言ってるときは、多分もうだめだと思ってもらって結構です。

やっぱり責任を負うのが嫌だったり、大きな投資をしたがらなかったり、リスクを負うのが嫌だったり、というのがある。

シャープを取材していて、日本メーカーが台湾メーカーに買われることが、よく思えないという見方もあったんですが、うまくいっている中においては、日の丸家電はもういいのかなと思います。

日本メーカーでなくてもいいという思いもあるし、彼らも日の丸にこだわってやってるわけではないというのも、一つの今の流れで、シャープを見ても、三洋電機も売られましたし、東芝も中国の美的集団というところに白物家電は売られているんですが、それでも、日本のブランドをそのまま使っています。ということは、まだ日本のブランド力ってそれなりにあるんです。本家の日本メーカーがいろんな事業で活躍していけば、昔みたいなシェアはとれないにしても、それなりに復活できるんじゃないかなと楽観的にみています。

質疑応答

市川　先生、どうもありがとうございます。大分、時間を、質疑応答のためにくださいましたので、フロアからの質疑応答に進む前に、論点整理を私のほうから四つか五つさせていただいて、具体例など、まさに現場のにおいのするお話を聞かせていただければと思います。

今回の先生のお話は非常に貴重なお話で、まずざっと、日の丸家電の栄枯盛衰の歴史的背景から今日に至るまでのお話をしてくださいました。

まず第一の質問として、大企業病という言葉を先生はお使いになられたと思います。これは日本社会全体として、今日、家電メーカーだけではなくて、大学であったり、さまざまな組織が、これまでの日本的なパラダイムから変わっていかなければならないということは、我々自身、何となく直感的に感じていますが、先生が家電メーカーなどを取材する中で、大企業病だなと思う具体例みたいなものを教えていただいてよろしいですか。

橋本　私の取材した範囲で大企業病だと思うのは、やっぱりシャープです。いろんな事業担当の方々がいるんですが、その事業の担当の人を取材しても全体像を把握していない。自分の部門だけなんですね。

だから、社長にあまり情報が上がっていなかったりするわけです。

我々が社長に聞きに行っても、細かい数字のこともあまり理解していない。結局お任せしている。各事業の方々が力を持っているというのはいいことですが、それを集約できるトップがいない。全体を見渡すと、投資判断するにしても、最後の決裁ができなかったりとかする。

パナソニックはそういうのをやめようと思って、津賀社長になってから、四本社、カンパニー制というのをつくって、それぞれを社長にあてて、それぞれの社長の段階で判断するような仕組みにしたら、投資のスピード、決定のスピードが変わってきた。

シャープが大企業病だったというのもあるんですが、戴社長になってからは、細かく現場回りも含めて、社長がすべて事業の動線を理解しているというところが出てきた。そういうのも、その会社の風通し、会社の上向き、新しい商品の出現、そういう土台になっているのかなと思います。

韓国メーカーが強かったというのは、もともと財閥の企業なので、トップが判断すれば、もうそれだけで動いていけるという、日本にはない強みがあります。

韓国メーカーは、自分たちの国が小さいので、グローバルで闘ってこなきゃいけないという危機感が日本企業以上にあって、アフリカや、インドもそうでしたが、日本企業が出る前からどんどん出ていっていて、日本企業が世界に出ようとしたときにはもう、サムスン、ＬＧにやられていました。

やっぱりそれは大企業で投資判断ができないというのと、芽が育ってなかったというのが原因です。それはいろいろな要因がありますけれども、やっぱり体が大きくなると、細かいところに神経が行き渡らないようになっているし、会社を見渡せなくなってくる。事業がうまくいかなくなるというところが原因かなと思っています。

市川　ありがとうございます。次の質問ですが、先生のお話の中で、製造販売の現地化というご指摘がありまして、私もこれには非常に強く納得するところです。韓国や台湾の電機メーカーは、国内市場が小さいので、最初の製品開発の段階から、海外市場を念頭に入れて製品開発しなければいけないのに対して、日本の場合には、ある程度、国内一億人以上の市場があったので、国内市場向けに、いいものを作っておけば、外に売っていけるだろうという発想があった。

ご指摘のとおりだと思いますが、製造販売の現地化していくときに重要になってくるのは、やはりマーケティングだと思います。つまり、ものづくりと現地マーケティングという二つの視点が必要だと思います。

その現地マーケティングに関して、日本の家電メーカーが今、どのようなことをやっているか、もしご存知であれば、教えていただいてよろしいですか。

橋本　今の答えになるかわからないですが、私、パナソニックのインドの現地の社長、マニッシュ・シャルマというインド人の方を取材したことがあります。四一歳。私と同じくらいの年です。創業家以来、初めて若くして執行役員になったという人間です。この人はもともとＬＧにいた人で、それを引き抜いてきて、インドのマーケティング統括になった。この人のマーケティングは、もう売れるものをとにかく早く市場に出す、という戦略なんですね。実は先ほど出ていた三洋、インドで結構な知名度を持っていて、実はパナソニックよりも有名だった。

そうするとその社長は、消滅しているような三洋ブランドをつけて、テレビ、携帯電話を売り出したところ、これがまた結構ヒットする。だから、現地の判断を大事に、現地で完結させる仕組みというのは、中国でもそうですし、そういうのが今、進んできていて、それが割合成功しています。

日本では買えない三洋のテレビや携帯電話は、実はインドで売っていて、それがかなり売れています。三洋ブランドをアマゾン限定で販売していますが、かなり人気が出ています。

だから、ご質問いただいたように、現地のマーケティングがどうかというと、かなりうまくいっていると思うのです。これは日本企業がグローバルで失敗したところというのは、市場の見誤りという、一つ一つの国に対しての目が行き届いてなかったということだと思います。

パナソニックが今とっている戦略というのは、インドで工場をつくって、それを中東、次はアフリカに出すという、西に西に向かってやっていく戦略をとっています。その中でインドが重要拠点ですが、そこで成功しているということで、今度は東南アジア等にも同じようなやり方でやっていこうとしている。成功するかどうかわからないですが。

市川　大変貴重なお話をいただきました。そんなに若い、現地の方が社長を務められているというのは非常に驚きでしたし、具体的なお話、ありがとうございます。

次の質問になりますが、先生のレジュメの中の、これから日本の家電メーカーがやっていかなければならないことのなかに、簡単に汎用化しない高価格製品を、という言葉がありました。

そこで、私が先生にお聞きしたいのは、こういった日本の最先端技術を利用するためには、国の政策が必要だと思うのです。日本企業の、簡単に汎用しない高価格製品、というものが、これから世界でシェアをとっていくために、どのような国の政策がそれを後押しするか、少し、お聞かせ願えませんか。

橋本　今もIoT、AIの中で一番問題になっているっていうのは、人材育成。これがやっぱり新しい分野なので、人がいないんです。AIなどの最先端分野に係る人材が相当不足する。この最先端分野の人材育成をどうするか、というところを国が、大学等も含めて、力を入れなきゃいけないと思います。技術がないと、どんどんアメリカに集中していってしまう。そうなると、もう、勝てなくなってしまう。だから、人材育成が国の支援策として一番いいのかなと思うわけです。

ほかの事業判断というのは民間企業がやるものです。人材のほうを国として、この分野で日本はこれから勝つんだという意思表示のために、やるべきだと思います。

パナソニックの津賀さんの話の中にも出てきますが、阪大と一緒にロボット分野で共同講座をやったりしてるんですが、十分な人材が取れていない。そういうものを国としても支援していくというのが、日本メーカーがこの分野で世界にどう存在感を示せるかという大きな鍵だと思います。

市川　ありがとうございます。今の先生のお話、非常に示唆に富むお話ですし、大学人としては、非常に真剣に受けとめなければいけない話だと思います。

ここまでの先生の講義と、それから質疑応答のなかの細かい具体例の中で、フロアの皆さんの興味関心もいろいろ湧いてきたと思いますので、ここでフロアに質疑応答を聞きたいと思います。

質問者　今の講義を聞いて、自分なりに思ったことですが、やはり経営者の考えと世代交代、それぞれの考え方、そういった部分に関して、みていく必要があると思ったのですが。

橋本　一九八〇年代、高度成長期のころというのは、イケイケだったですよね。イケイケどんどんで一九八〇年代、そのままやってきたのが、このシャープの液晶だったり、プラズマだったり。一九八〇年代というのは日本メーカーが輝いていた時代だった。今の経営者は敵もいるし、日進月歩の技術の中で、自分の企業の立ち位置を考えるというのは、当時の昔の経営者の方よりも、経営手腕が少し高いものが問われているのかなと思います。

市川　お隣の方、ご質問どうぞ。

質問者　ありがとうございます。二つ質問させてください。家電メーカー、日本でいいますと、日立さんと三菱さんの話が例に出ていなかったんですけれども、もうこの二つは、先生は家電というよりも重電という考え方をされていて、あえてお話にならなかったという理解でよろしいでしょうか。

もう一つ、日本の家電が凋落した大きな原因として、小川紘一先生の本を読みますと大体、アーキュテクチャーが、すり合わせ型かモジュラー型とかいう、そういう製品自身のアーキュテクチャーの変化が日本の家電の凋落になったということが書いてあるんです。今回、そのことについては触れられてなかったんですけれどもいかがでしょう。

橋本 日立と三菱ですが、おっしゃるように、重電分野です。三菱の家電は多少ありますが、ほとんどなくて、彼らもやっぱり自動運転、センサーとかも含めて、やっぱりインフラ分野、日立だったら特にそうです。

私も日の丸家電ってやるうえで、家電メーカーは、今、実はそんなに多くなくて、パナソニック、シャープぐらいです。あと、日立、三菱も知らないわけではないんですけれども、関西ということもあって、自分の取材分野に関して少し説明したいと思いました。

すり合わせの技術、他業種と組むというのは、確かに日本メーカーが得意とする分野です。

ＩｏＴ分野についていうと、ハードよりもやっぱりソフトが重要です。彼らは商品がつくれるけれども、ソフトにかけるような小さいＩＴ企業だったり、そういうのと協業、もしくはお金を投資してやってる。

おっしゃるように、ハードとソフトの組み合わせが、これからＩｏＴ、ＡＩの時代で大事になってくる。どちらかというと、私が見ているのは、ものはつくれるんですが、やっぱりソフトの部分に関しては、よそと一緒にやったほうが早い。

自動運転に関しても、ＡＩのソフト等を内製するのは難しい。だったら、協業して、ＩＴの企業会社とやったほうが早い。例えば、パナソニックがやっている事業で、監視カメラの事業があるんですが、そこのセキュリティーを高めるためにセキュリティーのソフト会社を買収したりとか、そういうことをやっているんです。だから、どちらかというと、ものをつくるのはできるけれども、そのソフト分野で日本は負けてしまったので、その辺は協業で製品化のスピードを高める取り組みをしてるのかなと思っています。

市川　まだ時間がございますので、どなたか。

質問者　貴重なお話、ありがとうございます。関西学院大学の学生です。

今、産経新聞さんの一面にもあった、日産とかあるいは、今、話題の神戸製鋼。これは、先ほど日立のイギリスの高速鉄道のお話をされたと思いますが、そちらも一本目の電車で整備不良が起こったというのをネットニュースで見たんですが、こういった各企業の不祥事とかが、日本企業メーカー全体に対して、どれほど国際的に影響があるのかというのを、ちょっとお聞きしたくて、質問させていただきました。

橋本　皆さんも、最近、こういうニュースをたくさん見ていると思いますが、メイド・イン・ジャパンの信頼性としての懸念がある、というのを、財界の方などは言ってます。

私も神戸製鋼は、このあいだまで担当で、不祥事が起こる前まででしたが、ずっと見ていたんです。今のところと関係する話をするとすれば企業間ビジネス、これはあまり人の目に触れるところではないんですね。企業と企業のやりとりが僕が見る限り、なれ合い、という感じでやったというのが、神戸製鋼の根にあったのだと思います。これから調査報告書が出るんですが、どうも取材していても、いや、向こうがいいって言ったからと、向こうも納得してもらっている、というようなやり方ですよね。

ただ、彼らの意識が欠如していたというのはBtoBのものが結局は電車とか自動車の形になって、消費者に影響を与えるというところまで考えが及んでなかった。そこの納入先の企業が納得してくれてんだから、それでいいと。だから、初動のとき、神戸製鋼をあまり悪いと思ってなかったんですね。ただ、全体を通してみると、神戸製綱はこれから大変かもしれないですけれども、メイド・イン・ジャパンの凋落だとか、日経新聞さんが書くようなことには、僕はあまりならないのかなとは思いますね。

市川　ありがとうございました。今回は大変、質疑応答も白熱いたしまして、やはり関西というと家電なのかなと、しみじみと思いました。

第6講

関西のスポーツビジネス
地域創生にチャレンジするスポーツの現状

プロローグ

今回は「好機を逃すな、ポスト・ゴールデンスポーツイヤーズを見据えて」とのタイトルで講義を行いたいと思います。

主に東京を中心とした日本のスポーツビジネス界では今、「ゴールデンスポーツイヤーズ」という言葉が盛んに使われるようになっています。

「ゴールデンスポーツイヤーズ」というのは、二〇一九年から二〇二一年にかけて日本国内で世界規模のスポーツイベントが立て続けに開催されるというものです。二〇一九年にはラグビーのワールドカップ日本大会が全国一二都市で開かれ、二〇二〇年は東京オリンピック・パラリンピック、二〇二一年は関西ワールドマスターズゲームズという生涯スポーツの祭典が関西広域圏の八府県であります。

スポーツ庁や経済産業省が中心となってつくっている「スポーツ未来開拓会議」という組織があるのですが、その中では、この期間を「奇跡の三年」という言い方すらしています。

「奇跡の三年」というのは、これだけの規模のスポーツイベントが立て続けにあることは、かなり珍しい、希有なことという意味です。だから、日本のスポーツビジネス界にとっても飛躍する大きな好機だという考え方です。「ゴールデンスポーツイヤーズ」は地方、特に関西のスポーツビジネス界も変わるきっかけになるのでしょうか。

「スポーツ未来開拓会議」が公表している中間報告の中では、日本国内のスポーツ市場の規模を、二〇一五年の五・五兆円から、二〇二五年には一五兆円、つまり三倍近くまで持っていこうという青写真を描いています。実際にスポーツの取材や報道に携わってきた私からみれば「本当にできるのだろうか?」という思いが正直、あります。しかし、「ゴールデンスポーツイヤーズ」を空前絶後の好機ととらえ、一気にスポーツ市場を大きくしていこうという考えが出ていることは間違いありません。

三イベントを比較して

では、その三つのイベントを比較してみます。三つのイベントとは、ラグビーのワールドカップ、東京オリンピック・パラリンピック、関西ワールドマスターズゲームズのことです。

「スポーツ未来開拓会議」の資料によると、ラグビーのワールドカップには二〇チームが出場しますが、一チームの人数は選手やスタッフ、関係者を含めて約五〇人。二〇チーム分なので、参加人数は約一〇〇〇人になると思われます。オリンピック・パラリンピックは、国際オリンピック委員会に加盟している二〇四カ国・地域から選手やスタッフ、関係者を合わせて約一万五〇〇〇人が参加する予定です。原則として三〇歳以上なら誰でも参加できるワールドマスターズゲームズは人数が多く、二〇二一年の大会では一五〇カ国・地域以上から約五万人（国内約三万人と海外約二万人）と見込んでいます。ただし、これはあくまでも競技に参加する人の数です。

来場者や観戦に訪れる人はワールドカップが約二〇〇万人、オリンピック・パラリンピックが約一〇〇〇万人（うち、海外から約八〇—一〇〇万人）、ワールドマスターズゲームズは約二〇万人とされています。経済効果はワールドカップが約四二〇〇億円、オリンピック・パラリンピックが約二〇兆円、ワールドマスターズゲームズが約一四〇億円と試算されています。

前回大会との違いは

それぞれの「規模」が分かったところで、今度は、一つ前の大会と、今回の「ゴールデンスポーツイヤーズ」のイベントを比べてみようと思います。

ラグビーのワールドカップの前回大会は、二〇一五年にイングランド（イギリス）でありました。日本代表が活躍したことで、覚えている人も多いでしょう。このときの観戦者数は二四八万人でした。日本大会の約二〇〇万人より約五〇万人多いですね。その理由は、ラグビーはイギリス発祥のスポーツだということと関係があるように思います。つまり、イングランド大会は競技が始まった国で行われた大会だということです。そもそも、ヨーロッパ自体、ラグビーが盛んなので、それだけの観客動員があったと思われます。逆に、ラグビーがそんなに盛んではない日本の場合は、そのときよりも減る可能性が高いという見通しから約二〇〇万人となっています。

次は、二〇一六年のリオデジャネイロオリンピック・パラリンピック。このときはオリンピックに二〇七カ国・地域から約一万一〇〇〇人、パラリンピックは約四三〇〇人、トータルすると約一万五〇〇〇人の参加者がありました。この数字は、東京オリンピック・パラリンピックでもほぼ同じぐらいでしょう。ただし、観戦者数については、リオのオリンピックは約一一七万人しかありません。東京の約一〇〇〇万人は本当に実現可能なのでしょうか。

最後は、ワールドマスターズゲームズ。前回大会は二〇一七年にニュージーランドで開かれていますが、そのときの参加選手・役員数は約二万五〇〇〇人、さらにその前の大会を見てみると、二〇一三年のトリノ大会が約二万人、二〇〇九年のシドニー大会は約三万人の規模です。関西では約五万人となっていますが、この数字も実現可能かは疑問符のつくところです。

続いて、それぞれの大会の詳細について見ていこうと思います。

ラグビーワールドカップ　関西は限定的

ラグビーのワールドカップは二〇一七年の一一月二日に試合会場と試合日程が決まりました。日本代表の試合は初戦が東京・味の素スタジアム、二戦目が静岡・静岡スタジアム、三戦目が愛知・豊田スタジアム、四戦目が横浜・日産スタジアムです。大会の開幕戦は東京・味の素スタジアム、決勝戦は横浜・日産スタジアムです。つまり、関西は日本の試合や開幕カード、決勝戦とは無関係で、くだけた言い方をすれば「おいしいところは全部関東」という感じがします。

大会までのスケジュールは、出場チームによる公認キャンプ候補地の視察やチケット販売の方法決定などがあり、二〇一八年の一一月ぐらいに出場する二〇チームすべてが決定する予定となっています。

注目すべきなのは、公認キャンプの候補地です。大会には二〇チームが参加しますが、来日してすぐに試合をするわけにはいかないので、それぞれのチームが日本国内各地に分かれてトレーニングを行い、本番に備えます。その場所が公認キャンプ地です。公認キャンプ候補地には、三七都道府県、約九〇の自治体が応募しています。うち、関西では、滋賀県の大津市や大阪府の堺市など六カ所が応募していることが明らかになっています。別の見方をすれば、応募が日本全体で九〇あり、関西ではたった六しかないともいえます。

試合会場自体は関西に二つあります。一つは東大阪市の花園ラグビー場。もう一つは神戸市のノエビアスタジアム神戸です。それぞれ四試合が予定されており、花園ラグビー場の場合は、アルゼンチン―トンガ、ジョージア―フィジーなどがあります。ノエビアスタジアム神戸の方は、イングランド―米国などです。

大会の試合数は全部で四八試合あるので、四八分の八が関西で行われる試合になります。単純に考えると、六分の一ぐらいの経済効果しか見込めないということになります。しかも日本戦は一試合もありません。最も、競技場の収容人数などによって行える試合のランクも変わるので、約三万人収容の花園ラグビー場やノエビアスタジアム神戸では、当初からたくさんの観客が訪れる日本戦や決勝戦などはできないことになっていました。

東京オリンピック・パラリンピック　蚊帳の外で終わらないために

続いて、二〇二〇年の東京オリンピック・パラリンピック。二〇一七年一〇月二八日が東京オリンピック開幕一〇〇〇日前でした。そのときに開かれた関連イベントの開催地を調べてみると、東京・埼玉・福島など。東京と関東、東北の一部が舞台で、関西的には「ああ一〇〇〇日前を迎えたんだ」といった感じで、他人事のようなイメージが強かったのではないでしょうか。

この一〇月二八日からの約一カ月を、東京オリンピック・パラリンピックの組織委員会としては、全国的に大会気運を盛り上げる月間にしようとしていました。さまざまなイベントを実施したのですが、残念ながら関西では目立ったものは一つもありませんでした。

大会までの主なスケジュールとしては、マスコットが決まり、ボランティアの募集が二〇一八年の夏ごろ、チケットの販売が二〇一九年、聖火リレーが二〇二〇年の春から始まる予定です。

大会の競技会場を見てみましょう。東京都以外はどれだけあるのでしょう。答えは、北海道・宮城・福島・茨城・埼玉・千葉・神奈川・静岡です。オリンピックのサッカー競技は全国に散らばって行うのが通例となっています。このため、東京オリンピックでもサッカー競技は東京都以外に北海道の札幌ドームなどでも実施するのですが、さらに、会場数が足りないということで日本サッカー協会が募集をかけるなどし、茨城県のカシマスタジアムが追加されました。

実は、大阪府サッカー協会も、吹田市にあるパナソニックスタジアム吹田を会場にしようとしていたのですが、今のところ実現はしていません。

全体的にみると、競技会場はすべて東日本です。東京オリンピック・パラリンピックには二〇一一年の東日本大震災からの復興を世界にアピールするという理念もあります。そう考えると、西日本より東日本に軸足が置かれているのは仕方がありません。結局、関西や西日本はオリンピック・パラリンピックの蚊帳の外になっているのではないでしょうか。

ただし、これはあくまでも競技会場や大会組織委員会をベースにしてみた考え方です。個人としては、関西に住んでいようが、九州に住んでいようが、東京オリンピック・パラリンピックにかかわる手段はあります。例えば、ボランティアに登録する。二〇二〇年の春ごろから行われる聖火リレーは全国を回る予定ですので、そのランナーにチャレンジしてみる。全国で一万人以上が聖火をつなぐ予定になっていますから、チャンスがあるかもしれません。また、当然ながら、チケットを購入して、実際に観戦に行くことも可能です。

今度は地方の自治体、市町村ベースで見てみましょう。例として、首相官邸政策会議・東京オリンピック・パラリンピック競技大会推進本部の資料から兵庫県の自治体がどんな動きをしているのかを調べてみました。

二〇一七年秋の段階でもまず兵庫県と姫路市は、フランスの柔道の事前合宿を誘致したいと考えています。開港一五〇年を迎え、昔から海外とのつながりが深い神戸市の場合は、イギリス・オーストラリア・クロアチア・カナダが対象です。中身は、イギリスの体操チーム、オーストラリアの水泳チームの事前合宿誘致。あとは、中学・高校生世代の交流事業、クロアチアの柔道等を中心とした事前合宿、それから、カナダの柔道を中心とした事前合宿の誘致です。兵庫県北部の豊岡市はモンゴルの事前合宿を誘致しようとしています。

加古川市はシッティングバレーでブラジルとの相互交流。これはパラリンピックの種目で座って行うバレーボールのことです。西脇市は、オーストラリアですけど、卓球の事前合宿を誘致しようとしています。香美町はフランスのアーチェリーの事前合宿誘致を進めています。

結局のところ、東京オリンピック・パラリンピックに向けて東日本中心にさまざまなことが動いている中で、関西の自治体がやろうとしている部分は、兵庫県の例からもうかがえるように、事前合宿を誘致するのが最もわかりやすく、最もやりやすいことなのかなというのが、わかります。

では、全国の自治体がどのくらい事前合宿を考えているのでしょう。共同通信社がオリンピック開幕一〇〇〇日前にあわせて、全国の一七四一の市区町村にアンケートを行った結果を紹介します。

八九・一%の一五五二の市区町村から回答があったのですが、事前合宿誘致を進めている市区町村は少なくとも全国で四二〇ありました。すでに合意しているのが九〇弱の市区町村、交渉中は一六二市区町村あります。

何らかの取り組みを始めた、または検討中とした自治体（市区町村）の都道府県比率は、東京が八一でトップ、広島が七一で二位、新潟が六九で三位。このあと、競技会場がある千葉・静岡・神奈川・埼玉が四位から七位になっています。

言えることは、全国の自治体、都道府県によって温度差がかなり出ているということです。関西は軒並み低く、兵庫県は前述の首相官邸政策会議・東京オリンピック・パラリンピック競技大会推進本部の資料によると、七自治体だけ。パーセンテージにすると二〇％に届かない自治体数です。やはり、東京オリンピック・パラリンピックが、関西、西日本にとっては、蚊帳の外というか、遠く感じているという現実があらわれている気がします。

関西ワールドマスターズゲームズ　盛り上げの具体策は

続いて、三つ目のイベント、二〇二一年の関西ワールドマスターズゲームズについてです。

ラグビーのワールドカップはラグビーの世界チャンピオンを決める四年に一度の大会ですし、オリンピック・パラリンピックも皆さんになじみ深いと思いますが、ワールドマスターズゲームズというのは、一体どういうものでしょうか。四年ごとに開かれるのは、ラグビーのワールドカップやオリンピック・パラリンピック、あるいはサッカーのワールドカップと一緒です。変わっているのは、前述したとおり、三〇歳以上のスポーツ愛好者であれば原則として誰もが参加できるという点です。きわめて開かれたスポーツのイベントだということができます。

一九八五年にカナダのトロントで始まって、今回が一〇回目の記念大会になります。アジアでは初めての開催です。実際に行われる競技・種目もオリンピックなどとは異なり、オリエンテーリングやボーリング・ダンススポーツ・グラウンドゴルフ・綱引きなどが組み込まれています。生涯スポーツの祭典というだけあって、必死になって優劣を争いあうというよりも、参加してスポーツを楽しむための大会という位置づけです。

実は、二〇二一年の大会は「関西」と言いながら、鳥取県でロードレースやアーチェリーが行われたり、徳島県がトライアスロンの会場となっていたり、すごく広域に分かれています。

大会の組織委員会のホームページには基本理念が記されています。ワールドマスターズゲームズ関西の場合は、①日本の歴史・文化が集積する関西で、生涯スポーツ先進地域としてわが国のスポーツ文化を世界に発信、②関西で育まれてきた人的資源やおもてなし文化を発揮しながら、後世に残る世界最高峰の生涯スポーツ大会開催、③二〇一九年、二〇二〇年に開催されるラグビーワールドカップと東京オリンピック・パラリンピックとの一体的推進により、「みる」「ささえる」スポーツの機運を「する」スポーツへの醸成、④開催地の主体性を発揮した広域開催による地域創生、⑤スポーツと観光を融合させたスポーツツーリズムによる地域活性化の促進、⑥健康・スポーツ関連産業のさらなる振興を推進、⑦高齢化の進展を視座に入れ、成熟社会におけるスポーツを通じた健康社会への寄与、となっています。

「日本の歴史・文化が集積する」というのは京都とか奈良もあるので腑に落ちるのですが、関西が「生涯スポーツの先進地域」というのはどう感じるでしょうか。「関西で育まれた人的資源やおもてなし文化」というのも、京都との関連で「おもてなし文化」というのはわからなくもないですが、「人的資源」を発揮するとは、どういうことでしょう。

「ラグビーのワールドカップと東京オリンピック・パラリンピックとの一体的推進により、『みる』『ささえる』スポーツの機運を『する』スポーツへの醸成」とは？　推測してみるに、ラグビーのワールドカップやオリンピック・パラリンピックを実際に観戦したり、テレビを通じて見たり、あるいはボランティアとして支えてみたりして、「これはすごいな」「俺もやってみたいな」「私もやってみたい」という機運を醸成してワールドマスターズゲームズに臨むということでしょう。

④の「開催地の主体性を発揮した広域開催による地域創生」は具体策が今のところ、はっきりとは見えてきません。⑤の「スポーツと観光を融合させたスポーツツーリズム」も流行の言葉ですが、やはり具体策を示すことが肝要でしょう。⑥の「健康スポーツ関連産業」については、関西にはアシックスやミズノといったスポーツ用品のトップのメーカーがたくさんありますので、それらの企業が大会を通じてどう業績を伸ばしていくかという感じでしょうか。最後は⑦の「健康社会への寄与」。これはワールドマスターズゲームズが三〇歳以上であれば参加できるというところから、たくさん年配の方も参加すれば、健康社会へ寄与することになるかなということですね。

もうひとつ、関西広域連合が二〇一六年に策定した「スポーツ振興ビジョン」を見てみましょう。①「関西ワールドマスターズゲームズ」開催を契機とする生涯スポーツの気運の高まりを継続的なものとする、②取り組むべき施策を明確にし、ライフステージに応じたスポーツ活動を振興させる、③三つの将来像ⓐ「生涯スポーツ先進地域関西」ⓑ「スポーツの聖地関西」ⓒ「スポーツツーリズム先進地域関西」と記してあります。

「生涯スポーツの機運の高まり」は前述の基本理念とも合致します。ただ「ライフステージに応じたスポーツ活動」というのは、ちょっとよくわからない言葉だなと思います。また、三つの将来像のうちの最も注目すべきなのは「スポーツの聖地関西」だと思います。実現に向けて、関西広域連合は、①国際競技大会・全国大会の招致・支援、②スポーツ人材の育成、③国際競技大会等のレガシー（有形・無形の遺産）の創出に向けた検討、の三つの戦略を立てています。①や②が実現すれば、関西のスポーツ界は大いに盛り上がりますよね。③のレガシーをつくっていけば、将来にわたってその盛り上がりが持続できますよね。そういった意味で、どのように戦略を実現していくか、すごく大切だなと思っています。

関西は危機感を持つ必要がある

「ゴールデンスポーツイヤーズ」のうちの関西ワールドマスターズゲームズは、鳥取県や徳島県も含んだ関西広域圏が大会の開催地になっています。ということは、関西各地にいろんな経済効果が見込めるということですが、前述したとおり、ラグビーのワールドカップは経済効果が四二〇〇億円、東京オリンピック・パラリンピックは二〇兆円、関西ワールドマスターズゲームズは一四〇億円です。ということは、「ゴールデンスポーツイヤーズ」の三つのイベントの中で比較すると、「奇跡の三年」といわれていますが、規模としては前記の二つとは雲泥の差があるというのが正直なところだと思います。

そうしたことを踏まえたうえで、アシックスやミズノなどの企業ベースでは、例えば、日本代表のユニホーム製作を請け負うなどして潤う部分は結構あると思います。しかし、全体としては、関西や西日本は、東京や東日本と比べると、経済波及効果はきわめて限定的、もしくは、きわめて少ないといえるでしょう。「ゴールデンスポーツイヤーズ」全体にどのようにかかわっていくのか、どう盛り上げるのかなどをしっかりと展望を持って準備しないと、関西は置いてきぼりになってしまいかねません。東京が盛り上がる分、対照的に関西は地盤沈下してしまうかもしれない。そういう危機感を持つ必要があるのではないかと思います。

打開策は「温故知新」

そういう危機感を持って準備を進める中で、関西はどうしたらいいのでしょう。個人的な考えですが、「温故知新」が大切だと思います。

「故きをたずねて新しきを知る」。つまり、昔のことをよく学び、そこから新しい知識や道理を得ること、過去の事柄を研究し、現在の事態に対処することというものですが、昔のことを振り返ってみて、そこから何かヒントを得てみてはどうだろうと思います。

日本国内で開かれた大規模国際スポーツイベントをおさらいしてみましょう。東京では一九六四年にもオリンピックが開かれています。冬のオリンピックは日本国内では、一九七二年に札幌、一九九八年に長野で開かれました。

アジアの一番大きいスポーツ大会であるアジア大会はオリンピックと同じように四年に一度開かれますが、国内では一九五八年の東京と一九九四年の広島で開催実績があります。大学生のスポーツの祭典であるユニバーシアードは、一九六七年に東京、一九八四年に神戸、一九九五年には福岡でありました。サッカーのワールドカップは二〇〇二年に日韓大会が開かれ、関西圏では今のノエビアスタジアム神戸、それから大阪では、現在はヤンマースタジアム長居と呼ばれる長居陸上競技場が会場になっています。

直近に開かれたのが、二〇〇二年の日韓ワールドカップです。そこから一五年以上、日本国内では大規模国際スポーツイベントのノウハウは蓄積されていません。

こう列記してみた中で、大会の規模や関西の〝立ち位置〟、大会とのかかわり方などを考えると、やはり一九六四年の東京オリンピックのことを「温故」し、そこからヒントを得るのが得策のように思います。

一九六四年東京オリンピックから

一九六四年の東京オリンピックの開会式は一〇月一〇日、閉会式は一〇月二四日にありました。大会期間は二週間。今の夏季オリンピックは七月から八月に開かれるのが原則で、今度の東京オリンピックも七月から八月に開かれますが、当時は一〇月に開いてもよかったのです。開会式があった一〇月一〇日はその後、長らく体育の日で祝日になっていました。

一九六四年東京オリンピックの日本の獲得メダル数は金が一六、銀が五、銅が八。今では考えられないようなことですが、アメリカの三六と、当時のソ連の三〇に次ぐ世界三位の獲得数。すごい順位だと思います。近年では、中国にはかなわないですし、イギリスにも勝てていません。

東京都以外の会場は神奈川・埼玉・千葉・長野。馬術が行われた長野県は別にして、今回と同様に関東の域を出ていない感があります。

また、一九六四年の東京オリンピックは、日本が戦後復興する中で行われたオリンピックですので、付随してさまざまなインフラ整備などが進められました。一九六二年から六四年にかけての好景気を一般的にオリンピック景気といったりします。その中身はどういうものかみてみましょう。

二〇二〇年に向けて建て直されている国立競技場ができたり、日本武道館ができたり、地下鉄の整備が進んだり、羽田空港からのモノレールができたり、首都高が整備されたり……といった大規模な社会資本の整備が進捗しました。ちなみに、モノレールができたのが一九六四年九月一七日、日本武道館は一九六四年一〇月三日、東海道新幹線の開通が一九六四年一〇月一日です。

ということは、東京オリンピックの開幕が一〇月一〇日ですから、直前までバタバタと、いろんなことが駆け込み的に完成し、どうにか間に合ったというのが現実だろうと思います。

そのほかには、ホテルが林立したり、テレビを見る人が増えたのでテレビ購入が増加したりもしました。オリンピック史上初めて衛星放送で世界に映像を配信したのも東京オリンピックでした。

一九六四年の関西

続いて、一九六四年の関西の状況を見てみましょう。

一九六四年の関西は、実はプロ野球がすごかったんです。セ・リーグでは阪神タイガースが優勝しています。二年ぶりのリーグ制覇でした。パ・リーグは、南海ホークス（現福岡ソフトバンクホークス）が優勝しています。南海は、そのころはかなり強く、一九六一年、六四年、六五年、六六年と、毎年のようにパ・リーグを制していました。ちなみに、パ・リーグでいえば、一九六四年には阪急ブレーブス（現オリックス・バファローズ）も二位でした。関西は本当に野球で盛り上がっていたことがうかがえるでしょう。

その年の日本シリーズは一〇月一日から阪神の本拠地の甲子園球場と南海の本拠地、大阪球場でありました。現在、難波パークスになっているところにあった、すり鉢型の独特の球場です。結果は、南海の四勝三敗で、五年ぶり二度目の日本一になっています。その日本一が決まったのが一〇月一〇日。東京オリンピックの開会式と同じ日でした。

「関西決戦」「御堂筋シリーズ」といわれたりしました。

こうしてみるとやっぱり、東京オリンピックに関しては、関西は昔も蚊帳の外だったんですね。

「コミット」目指した関西

それでも関西は東京オリンピックに「コミット」しようとしました。その事例をこれから挙げます。

サッカーの事例です。前述したとおり、一九六四年の東京オリンピックにおける東京都以外の会場は、長野県以外は神奈川・埼玉・千葉とすべて関東でした。現在のオリンピックでもそうですが、当時もサッカーは開催都市以外でも試合を行う形式でした。東京オリンピックの四年前に開かれた一九六〇年のローマのオリンピックのときにも、ローマだけではなく、フィレンツェなどでもサッカーの試合が行われていました。そういう実績を踏まえ、「一九六四年の東京オリンピックのときに大阪でもサッカーの試合をやったらええやん」という話が、大阪のサッカー関係者の中から持ち上がりました。実際に「大阪でもやらせてもらえませんか」といった話を当時の大会組織委員会に申し入れました。それに対し、大会組織委員会の幹部からは、「オリンピックは、箱根は越えないよ。箱根より西には行かない」と、けんもほろろな回答を受けたそうです。

そこで、「しようがないよね」となってもおかしくなかったのですが、大阪の関係者はあきらめませんでした。当時、大阪、関西のサッカー界には、手腕があるというか、能力の高いトップの方がおられましたので、大会組織委員会から「ノー」といわれても、あきらめずに世界のサッカー界全体を統括する国際サッカー連盟に話を持っていったそうです。国際サッカー連盟は別に東京だけではなく、日本全体でサッカーの振興を図りたいとの意図を持っていたので、支援を約束しました。

その中身が、オリンピックの規定にない五位から八位決定戦を関西で実施しようじゃないかという発想です。サッカーのオリンピック競技は原則的にリーグ戦を行った後、決勝トーナメントに進む形で、準決勝、決勝のほか三位決定戦も開かれています。しかし、五位から八位決定戦はありません。

それを関西で行うというのです。名称は「大阪トーナメント」としました。準々決勝は一般的に八チームで戦いますよね。うち四チームが準決勝に進むんですが、負けた四チームはオリンピックの規定上はそこで終わっちゃうわけです。「じゃあ、さようなら」と日本から帰国の途についてもいいんですが、それではもったいない。その準々決勝で負けた四チームを西日本に呼んじゃおうという発想です。四チームありますから、二チームずつ対戦し、さらに勝ったチーム同士が対戦し、五位から八位を決めようというものでした。

幸運だったのは、その四チームの中に日本が入っていたことです。その他の三チームはユーゴスラビア、ルーマニア、ガーナでした。会場は長居陸上競技場と京都市の西京極陸上競技場でした。日本は組み合わせの一回戦でユーゴスラビアに一―六で負けました。

実は、元日本代表監督のイビチャ・オシム氏が当時のユーゴスラビアの代表としてこの試合に出場し、二点を挙げています。また、日本の一点を奪ったのが、釜本邦茂氏。四年後の一九六八年のメキシコのオリンピックで日本の銅メダル獲得に貢献し、得点王にも輝きました。

大阪トーナメントが開催できた背景をみていこうと思います。

なぜ、大阪トーナメントを関西に誘致できたかというと、関係者が国際サッカー連盟に訴えかけた尽力もさることながら、関西に試合開催が可能な競技場が完成していたからという環境面も大きい気がします。長居陸上競技場はちょうど一九六四年、大阪中央競輪場の跡地にオープンしました。西京極陸上競技場は、進駐軍に接収されたのが一九五一年に返還され、再整備されて使えるようになりました。

一九六四年の東京オリンピックから導き出される教訓は、二つあると思います。

一つは、従来のルールにとらわれない自由な発想で目標を立てる。つまり、通常だったらオリンピックの規程にない「五位―八位トーナメント」をやってみるということ。二つ目は、それを実現するための器が実際にあるということです。

器が聖地となる

ここからは「器」の話をしようと思います。

関西の器、つまりスポーツ施設の話です。「スポーツの聖地」と呼ばれる場所、施設は実は関西にたくさんあります。高校ラグビーの聖地である花園ラグビー競技場、高校野球や阪神タイガースの聖地の阪神甲子園球場……。ちょっとマニアックですが、西日本最大級のサッカートレーニング施設のJ‐GREEN堺もある意味、アマチュアサッカーの聖地といえるかもしれません。

このほか、昔から港として栄え、海外との貿易なども盛んだった神戸を中心に、いろんな日本初が関西に点在します。日本のゴルフ発祥の地も神戸にあります。駅伝発祥の碑は京都。ラグビー「第一蹴の地」も京都の下鴨神社にあります。日本マラソン発祥の碑は神戸です。全国高校野球選手権大会や全国高校ラグビー大会が産声をあげたのは大阪府豊中市です。

こうみていくと、京阪神は、かつては日本のスポーツの先進地域だったといえるのではないかと思います。

現在、聖地とか聖地候補になり得るスタジアムやアリーナの整備が関西ではさまざまな場所で行われています。パナソニックスタジアム吹田はJリーグ、ガンバ大阪の本拠地ですが、二〇一五年に完成して、二〇一六年から本格稼働しています。

長居公園内のキンチョウスタジアムを改修する桜スタジアムは二〇一九年に完成予定です。

京都スタジアムは、Jリーグ京都サンガの本拠地ですが、亀岡市に建設予定です。琵琶湖アリーナは、バスケットボールのほか、ワールドマスターズゲームズに向けたものです。

ここでポイントとして挙げる必要があるのは、収益の側面です。かつては、スタジアムやアリーナというのは、維持や運営するだけでお金のかかる箱物という認識でしたが、最近はさまざまな工夫をすることでお金を生み出すきっかけになるという発想があります。

実際、パナソニックスタジアム吹田は、ガンバの親会社のパナソニックがスタジアムを自社の先進技術の見本市のように使っています。桜スタジアムは、指定管理制度などを積極的に利用して長居公園と一体となった運営をしようとしています。世界的にみても、商業施設を併設するなどし、収益を生み出すのが最近のスタジアム建設のはやりです。

聖地と聖地候補の違い

今まで挙げてきた「器」を「聖地」と「聖地候補」に分けて考えてみようと思います。

「聖地」というのはそのスポーツ、競技の中心的地域で、ほっておいても自ずから集客が見込めるもの。「聖地候補」というのは、「聖地」となる潜在能力はあるが、そのためには工夫が必要だというものです。関西は、「聖地」より「聖地候補」が多い気がします。

海外の「聖地」として思い浮かぶのはサッカーの強豪、バルセロナ（スペイン）の本拠地のカンプ・ノウです。このスタジアムは、観光地として広く認知されています。所在地のバルセロナ自体が世界の観光都市のトップ一〇に入る場所ですが、スタジアムも他の観光名所に負けないくらいの集客力を誇っています。

どのようにして多くの観光客を集めているのかというと、まずはスタジアムツアーが挙げられます。トロフィーなどが展示された場所でバルセロナの輝かしい歴史を実感させ、実際のピッチに立たせて現場の感動を体感させ、記者会見場やロッカー室で選手気分を味わわせて、最後にメガストアでグッズをたくさん買ってもらう。そのメガストアにもそこでしか買えないものがたくさんある。収益的にも観光地として成功している例です。

国内の例として挙げたいのは、J－GREEN堺。前述したとおり、西日本最大級のサッカートレーニングセンターですが、ここは未来の女子日本代表「なでしこジャパン」を育成する場所でもあります。女子中学生を対象にした日本サッカー協会のエリート養成機関が併設されているからです。収益以外の部分で考えるなら、こういう「育成の聖地」という場所の存在も大切ではないかと思います。

「聖地」を活気ある器にするには、人材が必要です。地元のスターを育てたり、金の卵を産み出すシステムを構築したり……。J－GREEN堺の存在は示唆に富んでいる気がします。

関西の人材流出を防げ　ポスト・ゴールデンスポーツイヤーズ

関西出身、ゆかりのスポーツ選手はたくさんいます。しかし、中学や高校時代に関西で活躍しながら、その後の大学とか社会人レベルで関東に行く選手が多い気がします。

つまり、人材が関西から流出する傾向があるように思います。それをなくすためにはどうしたらいいのでしょう。

日本のスポーツ界が盛り上がる「ゴールデンスポーツイヤーズ」も大切ですが、その後のことにも目を向ける必要があると思います。つまり冒頭に話した「ポスト・ゴールデンスポーツイヤーズ」です。具体的には、その時期に関西のスポーツ界が隆盛するための施策を考えるべきでしょう。

個人的には、将来を見越してナショナルトレーニングセンターの西日本版を関西につくったらいいのではないかと思います。

ナショナルトレーニングセンターの西日本版ができると、関西で育つ選手が増えます。関西で育った選手が増えると関西の聖地でプレーする選手も増加するはずです。すると、関西の聖地が活性化し、関西のスポーツ全体が盛り上がるのではないでしょうか。

関西版ナショナルトレーニングセンターの必要性

ナショナルトレーニングセンターは、日本オリンピック委員会の加盟競技団体に所属する選手、スタッフが専用で利用する練習施設です。東京都の北区にあります。別に競技ごとの小さなナショナルトレーニングセンターが全国各地に存在しますが、関西にあるのはセーリングの和歌山マリーナだけです。

東京都北区の味の素ナショナルトレーニングセンターにはエリートアカデミーが設けられており、次世代を担う選手にエリート教育を施しています。

関西のスポーツ界がゴールデンスポーツイヤーズの三年間も含め、それより先を見据えるなら、東京と同規模のナショナルトレーニングセンターの西日本版をつくるべきでしょう。地元の選手が育って、関西の大学や社会人・企業のチームに入って活躍することが大切です。すると、そのチームの成績が向上して人気が高まり、ファンが増え、さらに、そこからナショナルトレーニングセンターの西日本版に入ろうという子どもが増える。そういう中からオリンピックのメダリストが生まれると、この拡大再生産のスピードが加速していく。こういうスパイラルをつくっていくことが大切ではないかなと考えています。

第7講

関西から世界を読む
地政学リスクの読み解き方

ニューヨーク　国連報道の舞台裏

皆さん、おはようございます。産経新聞の長戸と申します。

国連に強い関西学院大学ということで、国連の現場で取材した経験をもとにお話をさせてもらえればと思います。

まず、私が国連を担当したといってももう一〇年近く前のことです。二〇〇四年から二〇〇九年まで。あいだにはオバマ大統領が選ばれた大統領選を取材いたしました。

ふだんニューヨークにおりましたので、ニューヨークで取材する一番重要な取材対象のひとつが国連になります。国連で、日本はどういうふうに見られているかということですが、非常に重要な加盟国です。

国連で日本出身の記者というと、もちろん一定の敬意を払ってくれたうえで、職員の方も外交官の方も接してくれたという印象がありました。

なぜ日本がこんなに尊敬されるかというと、戦後ずっと平和国家としてのいろいろな役割を果たしてきたということと、アメリカについで二番目の通常予算を拠出している国であるからです。

ただ、通常予算、日本の予算分担率は依然として二位ではありますが、ピーク時、二〇〇〇年には二〇・五七％ありました。それが最近は九・六八％、一〇％前後、一〇％を超えたり。大体三年ごとに決めますので、三年分を決めてしまいますが、平均しますと一〇％前後まで落ちてしまっています。

これは何が原因かといいますと、景気ですね。予算分担率は国民総所得に基づいて出しますので、その結果、新興国が出てきています。実は通常予算、三番目の分担国はどこかというと、かつてはドイツでした。今は中国になっております。中国の場合は、長らく途上国割引みたいなのがあったんです。しかし、これもいろいろ改定があって、ドイツを抑えて中国が出てきた。こういうところでも中国の勢いというのはわかるかと思います。

さらに国連平和維持活動、ＰＫＯ予算の分担率に限っては、二〇一六年に、すでに日本は中国に超される状況になっております。特にＰＫＯに関しては、通常予算の分担率プラスＰ５（パーマネント・ファイブの意味で、常任理事国のこと）が重要です。常任理事国というのは、国連の安全保障理事会で絶対的な力を持つ米・英・仏・中国、ロシア、この五カ国ですね。ずっと安全保障理事会の中にいることのできるこの五カ国が責任をもってもっと平和維持活動にお金を出したらどうかということで、中国の分担率が上がったという事情もあります。

何といっても国連の力の源泉というのは、この安保理にあるのではないかと思います。国連を取材するといっても大体九割が安保理の取材でした。皆さんニュースとかでご覧になったかと思いますが、安保理が開かれる、北朝鮮がミサイルを撃つ、核実験をする。そうすると、各国の一五カ国の理事国の国連大使らが集まって会議をする風景、その後記者会見、それから議場で決議案を採択する場面もご覧になったかと思いますが、まさにその安全保障理事会を取材しておりました。

なぜ安保理が力の源泉であるかというと、加盟国を拘束する決議を採択できる力があるからです。私は基本的に国家を超える以上の権力はないと思います。ただ、一応国連の安保理の決議というのは加盟国を拘束する力があるということで、安保理で何か取り上げられるというのが加盟国にとっては、非常にプレッシャーになります。

そのプレッシャーを示す証拠というと、イランの核問題を話すときに、テーマにイランという言葉が出ないんですね。不拡散というタイトルで話し合うんですね。なぜかというと、イランに無用な圧力を感じさせないという一応の配慮です。国連には、ネーム・アンド・シェイムという、名を挙げて辱めるという言葉があります。つまり国名をつけられて、自分たちの国に対する決議案が出されるというのは、褒める決議案なら別ですが、そういうのは非常にわずかです。対北朝鮮制裁決議案、対北朝鮮非難決議案など、国連総会も含めて、安保理でも、名前が出るというのは非常に恥ずかしいとされています。

安保理ですが、常任理事国、これはもうずっと安保理の中にいられます。そして一〇カ国の非常任理事国。ですから計一五カ国でいつも話し合いをするんですが、この一〇カ国が選挙で選ばれます。

選挙というのは、まず地域グループというのが国連の中にあります。アジアならアジア、西洋の場合は西洋その他といいます。それからアラブグループ、アフリカグループという形でいろいろグループがあります。このグループの中で、まずアジアだったらアジアで一カ国、毎年選挙はあるんですが、わが地域グループからはこの国を一カ国支援しますよということで調整をしますが、たまに調整がつかないことがあります。そのときは決選投票という形になります。

二〇〇八年でしたか、イランと日本が闘ったことがあります。イランと日本、本来は友好国ですが、このときはお互いネガティブ・キャンペーンをやらないということで臨んだわけです。圧倒的に日本のほうが優勢ではありました。イランも焦ったんだと思いますが、日本は非常に安保理で非常任理事国をやり過ぎているというのでネガティブ・キャンペーンを始めて、アメリカや先進国だけの論理が通る安保理ではいけないじゃないかということを訴えて、途上国からの支持をかなり集めるかと思ったら、結果は三〇カ国ちょっとの支持で日本が圧勝でした。イランはこのとき、いわゆる核問題で制裁対象国になっていたんですね。制裁対象国であっても立候補できる。それが国連のよさといえばよさですが、ハンデを受けるわけです。

なぜそんなに安保理に入ることが重要かといいますと、まず、情報の入り方が全然違う。これからどんなことが議論されるかということもあります。ましてや自分の国が取り上げられる、国際的にみてどうかなという行為をしている国は、まず、候補や理事国にはならないものですが、地域同士の支え合いとか、順番がありますから、なってしまうこともあります。すでにもう国連加盟国の恐らく三分の二以上は安保理の中に入って安保理を経験しております。経験してない国のほうが少数ですが、北朝鮮はごく少数の国の一カ国になっています。

日本は、安保理の非常任理事国に一一回当選した。二〇一七年の末で二年の任期が終わってということですが、一一回当選しているというのは加盟国中最多、誇っていいことだと思います。日本が安保理の非常任理事国の選挙で負けたのは一回だけしかないんですが、それでもこの一一回当選。ほかの国はどこも達成しておりません。ドイツが日本に並んで一〇回ぐらい入っていたかと思います。

アジアのある国の大使と話したときに、非常に安保理に入ることができてうれしかった。国際社会の動きやそういったものを自分たちの国からもいろいろ貢献できるのがわかってうれしかった。だけど次入るのは二五年ぐらい先だろうなと言っていました。大体それぐらいの間隔ですね。下手すると、一回入ったら次は三〇年後とか、もっと後とか、それぐらい安保理に入るというのは大変なことです。日本はほぼ数年置き、もしくは二年置きぐらいで入っているので、それは加盟国の中で日本への支持があるからだと思います。

日本の国益を反映させられるということが大きいんですが、実は対北、いわゆる非難決議、制裁決議、もうすっかりおなじみになったかと思いますが、これが安保理で初めて採択されたというのは二〇〇六年のことでした。

実はその前にも北朝鮮はミサイルのようなもの、いわゆる飛翔体を発射していました。それでも安保理で取り上げられることはありませんでした。「それが何か問題があるんですか」みたいな。結局、中国、ロシア、北朝鮮に比較的友好的な国が常任理事国に入っていることもありまして、日本がたままそういったときに入ってないと、この問題で招集してくださいと言っても、聞き届けられないときがあります。ところが日本が安保理の中に入って、これは非常に問題ですよと、国際社会の平和と安全に対する脅威ですと訴えると、それで議論しましょうということになります。

二〇〇六年はまさにそのとおりで、独立記念日でちょっとのんびりしようと思っていたら北朝鮮がミサイルを発射した。アメリカというのは、日本より圧倒的に祝日の数が少ないです。少ない祝日を楽しもうと思っていたのに、真夜中まで仕事になってしまった。ちょうど独立記念日って花火をいろいろ打ち上げるんです。国連のところで花火が打ち上げられるのを、いわゆる国連の日本政府の代表部のある近くで、ぼおっと見ていたことを覚えております。

結果的に七月のミサイル発射に対しては非難決議、制裁には行きませんでした。ただ、一〇月に北朝鮮が最初の核実験をいたしましたので、このときに全会一致で制裁決議が通りました。このとき北朝鮮は最後まで中国は棄権するだろうと期待していたようです。中国も賛成をして、安保理決議が全会一致で採択されたということで、北朝鮮は、このとき相当なショックを受けたと聞いています。

安保理というのは非常に敷居が高いところです。まず私がいたとき、今も変わらないと思いますが、国連の二階にありました。それで細い入り口があって、まず最初にある部屋がクワイエットルームというところで、ここはたしか外交官なら入れる部屋、そんなに広い部屋じゃありません。それから奥のほうに議論をする部屋があります。これはもう議論する部屋というのはもちろん一五カ国、そのときの安保理メンバーじゃなければ入れない、使えない部屋がありまして、さらにその奥に簡素な部屋でしたけれども、常任理事国しか使えない部屋があります。国連はいろいろ平等、公平をうたっておりますが、安保理に限っては決して公平な社会ではありません。もうＰ５の前にＰ５なし、Ｐ５の後にＰ５なしというぐらい、非常に特権的な力を持っております。

皆さんがよく映像でご覧になる議場が使われるというのは安保理の議論の中のわずか一割です。あとの九割は本当に見えないところでやっております。その議場で議論がされるというのは、公開討論（または公式協議）といわれますが、このときはもうほぼ大体物事が決まっているときで、最後に採決をするとか、決定をするとき、もしくはオープンにして、この問題をもっとわかってほしいというときです。いわば、テレビに映っているあの議場は安保理の一部にしか過ぎない。そこまでのいろんな駆け引き、大事なところは決してテレビカメラや新聞には映りません。もちろん我々が入ることはできませんが、そこで決められるというシステムになっております。

ちょうど私がいたときは、国家が破綻した場合、そこからどう立て直すか。立て直すことまでは何とかできても、平和を維持させる。この平和の維持というのが非常に難しい。そこは日本が非常にうまいということで、平和構築委員会というものができましたが、日本はそこに選ばれて入っております。

これだけ国連に貢献してきた日本、もう常任理事国になってもいいんじゃないかという活動をしたんですが、これは残念ながら頓挫したままでおります。日本がＰ５という特権を、アジアからもう一カ国快く思わない中国、それからアメリカも日本は歓迎だけれども安保理のメンバーをあまりふやしたくないという理由で、簡単に言ってしまうとＰ５が反対すれば通らないですね。そういったことで、これは長期的な課題になってくると思います。

関西と国際会議

次に国際機関、国際会議と関西ということで、関西をテーマにさせてもらいます。一九九七年、地球温暖化条約のＣＯＰ３が京都で行われました。このときの事務方の取りまとめ役をやっていたのが赤阪清隆さんで、国連の事務次長を後に務めた方です。私、国連担当しているときにご一緒させてもらいました。当時、日本政府から国連を担当している方で、常駐代表が一番偉いですね。それから次席大使という方がいて、それから三席大使。国連の大使という人は実は日本は三人いるんですね。そのナンバー2、次席大使が関西学院大学の副学長を務めておられた神余隆博さんで、本当に非常にすばらしい外交官でした。いろいろお世話になりました。

また国連事務局には外務省から赤阪さんという方がいたんですが、赤阪さんは、このＣＯＰ３の事務方の担当をしておりました。京都議定書というのはご存知のように、非常に採択が危ぶまれて、もう直前まででこれは決裂するかもしれない、だめかもしれないといわれていました。

これが急遽一転して劇的になぜまとまったかというと、一つはゴア副大統領が来日して盛り上げたということがあります。これは赤阪さん本人が言っていたんですが、ちなみに赤阪さんは千早赤阪村の出身でございまして、関西の出身の方でございますが、開催都市の雰囲気がこういう国際会議には影響すると言っておりました。国際会議は国益がぶつかり合って合意が困難です。まだまだ工業を発展させたい途上国と、いや、だけど自分たちばっかりが重い負担を背負わされるのはかなわないと考える先進国といろいろぶつかり合う難しい中で、京都の町がＣＯＰ３というのがどうなるんだろうかということで、関心を持って見守って、それから非常に応援をしてくれたと。その開催都市の町の雰囲気というのは非常にこういう会議に影響するんですというのをおっしゃっていました。

例えばだめな都市の例としてニューヨークを挙げておりました。何でニューヨークがだめかと言いますと、まず国連があって、しょっちゅう国際会議があります。そうすると、特に国連総会なんかそうですが、あちこち通行止になります。もうはっきりと迷惑なんですね。また国連総会があるのか、またこんな会議があるのかと。警備が厳しくなって、交通規制されてみたいなね。なれてしまうんです。会議が自分たちの町でやっているんだから応援しようという気持ちがなくなる。ところが京都の場合は、非常に町が見守ってくれて応援してくれた。これは大きかったと言っておりました。ですので、京都議定書、これが採択されたのはもちろん会議の直前にいろんな偉い人が来たというのもあると思いますが、京都の町も成功の大きな要因だったと言っております。

関西はこの成功体験があるわけですから、国際会議、常駐の国際機関というものを持っても本当にいい場所だと思います。もうそれは非常に望ましい環境がそろっていると思います。

まずは「知の集積」と書きましたが、大学がいっぱいありますよね。いろいろすぐれた研究、あらゆる分野の研究がなされている、知が集積されている場所であるということ。

それから、私は去年の一〇月に転勤してくるまでずっと関東のほうで仕事をしておりました。東京を中心に仕事をしておりましたので、関西に来て実は楽しくてしようがないです。もう本当に観光客の気分で、もう週末になると京都や奈良に出かけて、今までは三日休みがとれないと来られなかったところをいろいろ見て回っています。これは私だけじゃないと思います。外国の方、非常に外国人を引きつける豊かな歴史の資源。東京には皇居がございますが、皇居はなかなか中に入ってまで見ることとかはできません。この豊かな歴史資源というのは、関西の大きな力です。これは研究に来る、会議に来る、ここから何か国際的なメッセージを発信する、そういう仕事をする外国の方にとっては、研究者、外交官でもそうですが、非常に歓迎される要素です。

それから、海外からのアクセスについて関西国際空港は、非常にいいです。特にアジアからは東京よりも一時間ぐらい早く日本に到着できるということで、何でアジアの方々があれほど多いかというと、一時間という利便性もあるそうです。一時間短いというだけでちょっとほっとする。

それから開放性ですね。やはり東京というのは霞が関があり、国会があり、最高裁判所があり、いわゆる三権というものがそろっていて、何となく官の町であり、権威というものが何となく町を支配しているところがあります。

そこへいくと関西は何か独特の開放性というか、もっと自由な、何か抑えつけられてないような自由さがあり、学問する、研究する、国際会議をするには非常に魅力的な場所であると思います。関西学院大学は国連に強いということですので、ぜひ国連のある機関の事務局を誘致する活動をやっていただければなと思っております。

朝鮮半島問題に対する各国の思惑

次に、今、一番緊迫している朝鮮半島のことをお話させてもらいたいと思います。

私も国際ニュースに携わって一〇年以上になりますが、こんなに朝鮮半島が緊迫しているというのは初めてです。実際何が起きるのかわからない。特に北朝鮮、二〇一七年になってもうミサイル発射、すでに一五回ぐらいやっております。過去こんなに頻繁に行ったことはありません。あとアメリカですね。実はトランプ大統領のキャラクター。金正恩朝鮮労働党委員長とトランプ大統領の二人のキャラクターは一致するようなところもありまして、お互いに言葉で相手をあおるのが好きなようで、言葉の戦争みたいなものがエスカレートしています。そういったこともあって、非常に緊迫した情勢、特に四月の連休前あたりはどうなるんだろう。有事の場合、日本海は鳥取、島根のあたりは、ちょうど海を挟んで朝鮮半島と向かい合っています。何かあったら大量の難民が発生して、その両県に来る可能性が高い。

朝鮮半島問題というのは、国際問題ではなくて、もう私たちの問題になっていると思います。有事があってもおかしくないんだという気持ちでいたほうがいいのかなと思います。

実は北朝鮮は、日本人拉致など、非道なことをやっていて、国内の人権状況は最悪で、どう考えても国際的に孤立しています。ただ、地政学的にみると、そうはいえないです。二〇一七年の五月に誕生した韓国の文在寅政権は非常に親北政権です。それから、中国は北朝鮮を崩壊させたくないんです。これは安定していたいのと、北朝鮮に利権をいろいろ持っているからです。安定というのはどういうことかというと、中国からすると在韓米軍がありますよね。米軍と直接対峙したくないわけです。となると、韓国・北朝鮮というところを緩衝地帯とすることで米軍と向き合わないで済む。

中国のことわざで「唇がないと歯が寒い」という言葉あるそうです。唇というのは歯を守っているわけですね。唇がなかったらもう本当に歯は年中そのままさらされて風に当たってということになるんですが、この歯が中国、唇が北朝鮮ということで、自分たちを緩衝地帯として守ってくれている存在でもあるというのが中国からみた北朝鮮です。

利権についてですが、実は北朝鮮にはかなりの天然資源があるんですね。ただ、その天然資源というのを開発する技術、人的資源がないものですから、かなりほうっておかれています。それを中国が開発することで経済的なメリットがあるわけです。

ロシアも同様です。いわゆる東方政策。沿海州地方を発展させたいということで、北朝鮮の地下資源を開発して自分たちの経済に貢献させたいと考えています。実際に北朝鮮に羅先という経済特別区がありまして、ここはロシアと共同開発をしています。これは二年ほど前、ちょうど一時ちょっと北朝鮮に駐在しているとある国の大使が言っておりましたが、実はこの羅先の経済特区は結構成功しているようで、そこで働いている北朝鮮の人の月収というのが、聞いたとき、かなりの額でしたね。普通、北朝鮮ではそんなにもらえないでしょうという額をもらっておりました。実はロシアと北朝鮮は経済的にも結びついておりまして、自分たちの国土の一部をすでにロシアに完全に何年間も貸して、そこで開発を進めさせていく。

こういう状況で安保理決議がよく通ったと思います。いわゆる北朝鮮の周辺国で北朝鮮に本当に厳しい態度をとるのは日本だけです。日米同盟、本当は日米韓がすき間なく同盟できればいいんですが、残念ながら今はそうではないということで、日米同盟の強化は必須というのは、こういった地政学的条件からもあります。

米朝軍事衝突の可能性ですが、これはもう話を聞く方によって全然違って、一％、二〇％、五一％。二〇％というのは、これはアメリカの高官がおっしゃっていた言葉です。一％、五一％はそれぞれ日本の高名な学者がおっしゃっていたことです。現時点でこんな展開があっては困るんですが、もし本当に北朝鮮が戦争をするつもりである場合は三つの異変がみられると思います。

まず、原油の緊急輸入。戦争に備えて原油が非常に必要になりますから、何らかの形で非常に原油を必要とする動きが出る、それは今のところない。それから軍の前方展開。いわゆる南側のほうに展開する。それもない。あと、本当に戦争やろうと思ったら機雷を撒くそうですが、まだそこまで行ってない。ただ、この三つの動きが出てきたら、これは本当に危ないと思ったほうがいいと思います。

ただ、米朝のリーダーが言葉の戦争をしているといっても、やはり実際に軍事衝突が起きれば被害は甚大です。逆に選択肢がないから言葉で応酬しているという可能性もありますが、戦争というのは本当にいつの時代も、偶発的に起こるものです。ですので、そんなことはまずないから安心だろうということは言い切れない怖さもあります。

隣国、韓国への複雑な思い

次に韓国の今の状況ですが、ご存知のように本当に大統領経験者が悲惨な末路をたどることが多いです。死刑判決を受けたり、それが減刑されて実際に執行されておりませんが、自殺に追い込まれたり、弾劾されたり。私も子どものころ、どうして韓国というのは大統領だった人が刑事被告人みたいになるのかなと不思議で仕方なかったんですが、今はよくわかります。

韓国は非常に分裂しています。国が保守系と革新系。革新系というのは親北と言ってもいいと思います。この二つがあまりにも建国以来激しく対立しておりまして、政治の内戦状態が続いています。どういうことかというと、選挙で政権が入れかわると大変です。必ず現政権は前政権を否定します。前政権がやったことをすべて否定しますので、大統領経験者が検察に捕まるという状況があるわけです。

残念ながら文在寅政権というのは、その中で親北、反日が基本です。ただ、これは実際に文在寅に会った外交官の方に聞いてみますと、非常に感じがいいと言います。朴槿恵のときは、もう今、話し合っても進むことはないから日韓で会うのはまだやめましょうという感じだったのですが、文在寅というのは、いや、お互いにそういう難しい関係だからこそ会って話し合うことが大切だというので、会うことをいとわない。会うと非常ににこにこしていて、仏頂面の朴槿恵さんよりは感じがいい気がしますよね。ただ、文在寅さんはその人に会ったときはその人に合わせるのがうまいですね。トランプさんと会えば、米軍の最新鋭迎撃システムのＴＨＡＡＤ（高高度防衛ミサイル）をやりますと言って、中国の習近平と会うと、ＴＨＡＡＤは、配備しちゃったものはしようがないけど、これ以上はやりませんからという形で、会う人、会う人によっていい顔をしてしまう。

次に私が体験した韓国ということでは、産経新聞のソウル支局長問題です。外信部長になって三カ月後にこの問題が起きました。

まず発端は、加藤達也支局長（当時）から電話がありまして、実は韓国の大統領府からかなり厳しい口調で自分の書いた記事に抗議がありましたと。恐らく韓国大使館から長戸さんのほうにも連絡が行くかと思いますが、よろしくお願いしますといわれて、そのときは突然で何のことかわからなかったんです。もちろん朴槿恵さんが読んで気持ちがいいとか、歓迎するような内容ではないと思ったんですが、何を言いに来るのかと思っていたところ、本当に加藤の電話と同時に韓国大使館の方から編集局長のところに電話がありまして、明日お会いするということで対応いたしました。

韓国大使館の方が二人来て、一人の方は非常ににこやかで、もちろんわが社でも一番いい応接室に通させてもらったんですけれども、「いや、非常に景色がいいですね」「いい部屋ですね」とか言ってにこにこしていて、なかなか本題に入らないんですね。それでいかにも、いや、ちょっとこういったことがございましてというような形で、自分としても渋々来たというようなニュアンスがあったので、そんなに深刻に考えなくてもいいのかなと思ったんです。そしたらもう一人いらしたのが女性の外交官の方で、その人は最初から非常に怒っていて、これは名誉棄損にあたると。私たちの大統領がここまで名誉を傷つけられた、これはもう重大な問題である。同じ女性として非常にこの記事には不快感を持っている。記事を取り消してくださいといわれました。その場で編集局長が「記事は取り消しません」ということを言って、韓国側としては取り消してくれれば、そこは何もなかったことにするという感じだったんですが、それは拒否いたしました。取り消すといっても、もうネットに出てしまっているわけですから、取り消すも何もないんですね。でも、一人の人は非常ににこやかな感じだったので、韓国もいろいろあったけれども民主化闘争があって民主主義の国ですから、そんな記事に対していろいろこれ以上言ってくることはないんではないかというのは最初の見立てでした。

そしたら翌日、翌々日ぐらいにソウル中央地検から聴取の要請があったというんです。それを聞いて、えっと思いました。これはどういうことかと。加藤には、韓国大統領府の人から民事、刑事の両面から徹底的に産経新聞を追及するという宣言がされたそうですが、これがそれだったのかと思って。対策を編集幹部と話し合っていたら、今度、出国禁止になったというんですね。本当にこのときは背筋がぞっとしました。出国禁止をかけられたというのは、もうこれは、韓国当局は力づくでやってくるつもりだということです。しかも、これがずるいと思いましたのは、加藤本人に、当事者に出国禁止を通告してきたわけじゃないんですね。日本のＮＨＫニュースのようなところで加藤記者に出国禁止を科されましたと。それがあって初めて私たちは知ったという状況でした。

これはもうただごとではないというので、私はソウルにその直後行きました。聴取を終えて帰ってくるというつもりでしたので、当初は三、四日ぐらいのつもりでおりましたが結局、聴取の日を一週間延ばしてもらいました。それは弁護人がいなかったからです。弁護人を見つけるのも多少苦労しまして、まずお願いしたところは大きな法律事務所でしたけれども、大統領に関する案件なので、ここで産経新聞の弁護を引き受けると自分たちも大統領府からにらまれるおそれがあるという理由で拒否されました。それで次の日に日本大使館から紹介してもらった方に受けてもらいました。地獄に仏というのはこのことかなと思ったんですが、そのとき加藤は参考人としてだったはずですが、ほぼ被疑者としての扱いの聴取だったと思います。

韓国は非常に検察の力というのは独特で強いんですね。政権が変わると検事の出世も全然変わります。左派政権で出世した検事は、朴槿恵政権ではもうだめになるんです。その逆もあります。国家情報院という情報機関もそうですが、日本ではあまり考えられませんね。民主党政権になったからといって、もちろん人事の入れかえはあると思います、事務次官がかわるとか。ただ、そう大きく霞が関の官僚の人事が変わるということはないと思いますが、韓国はがらりと変わるところがあります。

このときは計一二日間いたんですが、日本大使館・支局・ホテル・弁護士事務所、この四カ所しか行けませんでした。当然ですが、とてもじゃないけれども観光する気分にはなりません。ですので、ホテルのロビーで観光客の日本人の人と一緒になるとうらやましかったですね。私もいつかこんなに楽しい気持ちで韓国に来ることとあるんだろうかと見ておりました。

日本大使館では、とにかく身の回りに注意してくださいといわれました。もちろん監視、尾行というのは恐らくあるでしょうと。

外国ではある人を捕まえたい場合に、その人が気づかないところで持ち物に薬物を入れて、町を歩いているときに、何百メートル歩いたところで職務質問して、ちょっとかばんの中を見せなさい。あなた薬物持っていますね、ちょっと当局のほうまで来てくださいと、そんなこともあったりしますので気をつけてくださいといわれました。もう私は日本大使館を出たときに真っ青になりました。夏でしたが、寒くなってきて、もしそんな目に遭ったらどうしよう。とにかく何があるかわからない。

実際に私が経験したのは、乗った途端、加藤を非難したタクシー運転手、それからホテルの部屋の鍵が壊されたということです。

こんな経験をして、その後、私は日本からの支援をすることにしました。それを最後に韓国には行っていません。それから裁判が始まりましたので、裁判が始まったときからはまた別の上司が応援に行きました。日本で何ができるかと考えたときに、これが国連と関係するんですが、産経新聞はじめ日本の新聞、ほとんど英字新聞を出しているところはあるんですが、世界にこの問題をわかってもらいたいなと思いました。でも、どうすればいいんだと考えたときに、かつて自分が担当していた国連を使えばいいじゃないかと思いました。

国連というのは毎日ウイークデイに一二時からぴったり、正午からヌーンブリーフィングという記者会見があります。ここでは基本的に国連に関することが中心ですが、どんなことも質問できます。非常に国連報道官とアクセスしやすい自由な記者会見の空間です。ここにうちの記者に行ってもらって、このことをどう思うか質問してもらいました。報道官の答えは、もちろん国連というのは報道の自由、言論の自由を積極的に守っていく立場だと。個別の加盟国のことにはもちろん慎重です。当時の国連事務総長潘基文さんは韓国出身の方ですから。でも、国連の記者会見上で、しかも自分の直属の上司である潘基文さん、事務総長報道官という人が対応しますから、そういう人に産経新聞の問題をぶつけるということで、これで事務総長本人にも知ってもらえたと思います。それから、アメリカの国務省でもこの質問をしてもらうなどしました。

その後、海外メディアの取材がいろいろ入るようになりまして、私も大使館に、加藤の記事を英訳したものを配って、これでどう思われるでしょうかということもいたしました。結果的に何がどういう要因があったのかわかりませんが、裁判では無罪をかち取ることができまして、それが確定いたしました。

隣の国ですので、韓国は、決して嫌いになりたくはない国です。実際一人ひとり個人と接するとすごく親切です。ただ政府とか国となると、これが変わってきてしまう。有名な韓国在住歴が長い人の言葉に「昼は反日、夜は親日」という言葉があって、昼間反日的なことを言ってるけど、夜になり一杯入ったりすると、実は日本好きなんだみたいなね。ですので、非常に複雑です。現政権はやはり反日、それから親北を掲げざるを得ない事情があるので、それをやっておりますが。ただ、韓国というのは国が分裂しているだけに、そこで反日というのがある意味分裂した両派の接着材になってしまうところもあって、なかなか反日を変えるのは難しい。つき合うのは難しい国ですが、日本として理性的に、きちんと話し合う、そういう意味で毅然とした対応をとっていく。毅然として自分たちが悪いと思わないことに、もう謝らなくてもいいのではないかなと自分の経験などからも感じました。お話はここまでにさせていただきます。どうもありがとうございました。

質疑応答

市川　ご質問のある方はおられますか。

質問者　お話ありがとうございました。

一つ目は、産経新聞のソウルで拘束された支局長ですね。その後って、逆にこんな注目されたら、産経新聞売り上げ部数は上がったのかということですね。

もう一つは運動論というんですか。日本やアメリカだと首相や大統領を国民的運動で引きずりおろすまではいかないいんですけど、韓国においては現役大統領が選挙に出ても、運動によって、逆に引きずりおろすところまでいってしまうようなところがある。これは、韓国独特なものなのか、よかったら教えていただきたいと思います。

長戸　わかりました。質問ありがとうございます。

最初の質問ですが、これで部数が上がったら我々もうれしいのですが、残念ながら日本の新聞を取り巻く環境では容易に部数は上がりません。特に私たちの世代もそうだったのですが、そのときも、もう私の友達も周りの人もほとんど新聞読んでいませんでした。私は新聞社に入りたいから読んでいましたが、まず紙の新聞自体がなかなか読まれなくなっているということもありまして、部数がこれで増えたというのがあったら、けがの功名ということもいえますが、そんなに新聞を取り巻く環境は易しくないです。

二つ目の質問は、これは韓国特有だと思います。というのは、韓国が非常に分裂しているからです。なぜ分裂しているかというと、本来一つの国であるべき国が二つに分かれているから、その構図がそのまま韓国の中にすぽっと入れ子のようになってしまっている。北朝鮮から一九九〇年代に亡命した黄長燁さんという方、北朝鮮から亡命した高官の中では一番高位とされた方ですが、その人が言っていたのは、韓国には五万人ぐらい北朝鮮のスパイがいると。スパイという言い方が不穏当であればシンパですね。いわゆる人権活動とか民主活動と称して、そこでいろいろ声を上げていく。

それと韓国が貧しかったときに、まだ金日成時代の北朝鮮は、韓国人の学生のために、もちろんそうとはわからないように、随分いろんな奨学金をつくったんですね。それで随分、司法関係者とか奨学金で成功した人、勉学が続けられた人がいたそうです。そういうふうに非常に北朝鮮の韓国政策というのは功を奏した部分もあって、結局どう考えても民主主義で、自由で、引きずりおろすとまでは行き過ぎかもしれませんが、現政権の悪口は言える、そういう国のほうが北朝鮮に比べて圧倒的にいいじゃないかと思うのですが、そういう北朝鮮の周到ないろんなやり方で、非常に北朝鮮を神聖化する。北朝鮮は、そもそも日本と戦おうとして頑張ったじゃないかということで、むしろ北朝鮮のほうに国としての正当性を見いだす人たちも韓国に多い。韓国内が分裂しているから、常に政権をとり合いますよね。保守、左派とやっていく中で、前の政権を否定する、引きずりおろす。

今回の朴槿恵さんの事件でも刑事裁判の証拠としてはきわめて怪しいものもある。日本でしたら恐らく、これ刑事裁判の証拠にならないというものも証拠になっている。先に結論があるわけですね、検察にも。そして、このような状況の中で国民情緒は、次に有力な政権のほうに向く。だから、韓国の検察は風を読むんじゃない、風が吹く前に自分からその方向に向いてしまう、といわれるぐらい政治的な組織です。やはりこれは韓国特有だと思います。

質問者　一般参加の者です。今回はおもしろい話を聞かせていただいて、ありがとうございます。質問は二つございます。

一つ目は北朝鮮問題に関して、先生なりの解決策をお持ちであればご披露いただきたいのと、軍事衝突の可能性はどのぐらいあるのかを聞かせていただきたい。

二つ目は、韓国は、結構反日というのが多いんですが、一方、来日観光客のナンバー2ですか、二番目に来日が多い国でもあって、個人ベースでは親日とは言わず、好日、日本好きという人が多いと思いますが、国としては原則反日であると、反日の国であると理解しておいて正しいんでしょうかということです。以上です。

長戸　ありがとうございます。一つ目は非常に難しいですね。これという解決策があれば本当にいいと思います。いわゆる斬首作戦というものがありますが、もう中枢部をピンポイントで正確にねらって金正恩を亡き者にして、ソウル周辺への被害も抑えるということは何か一見理想的なものに思えますが、金正恩がいなくなれば、もうこの体制なり、この問題が片づくかというと、そう簡単ではないです。何らかの形で北朝鮮を自国の経済圏、自国の経済に役立ってもらわなきゃ困ると考えている国、ロシア、中国がありま す。中国、ロシアがどう動くかという問題があります。金正恩だけを取り除けば済むという問題ではありません。もし軍事衝突となればソウル、韓国はもちろんですが、日本も危ないです。難民がどれだけ押し寄せるか。中には良心的な難民だけではないおそれ、というのも非常に含まれるわけです。日本の治安がまさにどうなるかということで、軍事衝突、軍事解決というのはきわめて危険である、ということです。

二つ目ですが、個人ベースではそうです。大阪にもたくさん韓国人の観光客の方がいらして、いろいろ道を聞かれたり、この前はもうコンサートに間に合わないんだとかと泣きそうになっている韓国人の女の子がいたので、私は不慣れながら乗りかえ案内を丁寧に説明したりして、そういう経験というのは大事だと思います。それがどこまで変わっていくかというのはわからないですが、だんだん若い世代が、自分たちの国は外からどう見られているのか。そういうことに多くの若い世代の人が気づいてくれればと思います。

わかっている人も多いと聞きます。国として反日を掲げてしまう要素があるというのは、そうすると国がまとまるからです。ですので、なかには本気ではやってない人も結構いるんじゃないかなと。ただ一方で親日的なことをいうとものすごくたたかれたり、批判されたりするところもありますので、黙ってしまう。実はわかっている人が多いということもよく聞きます。粘り強く日本のよさを伝えていくしかないかなと考えています。

市川　ありがとうございます。今回は長戸先生に非常に現場感覚のあるお話をいただきまして、またそれに触発された形でフロアからも大変真相をついた重要な質問がたくさん出たのではないかと思っております。

第8講

司馬さんに遼かにおよばず

論説「考」

司馬遼太郎　その文学の原点は新聞記者

司馬遼太郎さんのお話をしたいと思います。なぜかと申しますと、司馬さんは、私たちの大先輩でありました。産経新聞の記者をされて、その後、作家活動に入られた、出世作といわれる「竜馬がゆく」は、産経新聞の夕刊に連載された小説です。

一九九六年にお亡くなりになって、雑誌社および新聞社等々が、司馬さんの追悼出版を手掛けたのですが、最も縁のあるはずの産経新聞だけが、なぜか乗りおくれてしまい、その後、社内でも、「これはちょっとまずいんじゃないか」と。司馬さんの足跡の中で、産経新聞にいたということが非常に重要な意味を持つんだから、それを何とか記録にとどめようじゃないかということで、記者時代の司馬さんをテーマに、一冊にまとめようという話が出ました。

言い出されたのは、筑波大学の教授をされた青木彰さんというジャーナリストです。この方も産経新聞の大先輩で、司馬さんよりちょっと若いんですが、戦争体験等も含めて非常に気の合った方です。当時、朝刊一面のコラム「産経抄」を執筆していた石井英夫さん、論説委員の皿木喜久さん、それに私の三人で取材、執筆をすることになって、「新聞記者　司馬遼太郎」という本を二〇〇〇年の菜の花忌、二月一二日に間に合わせるようにということで出版しました。

最初に申し上げておきますが、私は司馬文学のそれほどいい読者ではありません。ある程度の本は読ませていただきましたが、皆さんのほうが恐らく司馬さんの作品を読みこなしていると思います。ただ、つたない理解ですが、司馬さんの創作の原点は、やはり新聞記者であったということが、非常に大きく影響しているんじゃないかなと思っています。

司馬さんは作家です。しかも歴史小説を主に書かれた作家です。また、司馬史観といわれますが、歴史の見方に独特のものがあって、非常に影響力の強い歴史家でもあります。しかし、私は司馬さんはやはり新聞記者じゃなかったかなと思っています。

晩年、旧友と酒を飲む機会があって、「我々、生まれ変わったら何になるか一人ひとり、ここで披露しようじゃないか」ということになって。参加者みんな声をそろえて、「俺は新聞記者になる」と。その中で司馬さんは、「僕は新聞記者になる、しかも産経新聞の新聞記者になる。それで編集局長になる。自由に新聞をつくってみたいんだ」ということをおっしゃられたそうです。それほど新聞というものに愛着を持っていた。だから新聞記者というのが一番、司馬さんにとって、ぴったりな職業であり、肩書きではなかったのかなと思います。

それと司馬さんの創作の手法は、やはり記者のトレーニングが下地になっているなと思わせるところがいくつかあります。例えば、小学校の教科書に「二一世紀に生きる君たちへ」という、非常に短い文章ですが、名文が載っております。それを読んでいきますと、司馬さんは自分は恐らく二一世紀は見ることができない、だけど、二一世紀を訪ねていって、そこの街角で歩いている君に声をかけるよと。ちょっと伺うけれども、あなたが今歩いている二一世紀というのはどんな世の中でしょうという質問をするんだと書いておられます。

司馬遼太郎と歴史小説

歴史小説を書く場合も、いわゆる史料、歴史の資料を大量に購入する。「竜馬がゆく」を書いたときに、こんなエピソードがあります。ちょうど産経新聞をやめて作家として独立した直後ですが、当時の社長が、次の新聞小説を誰にどういうものを書いてもらったらいいだろうかと悩んで、知り合いの経済人らに聞いて回ったところ、ある人から、君のところにいる若手で非常に有望な、しかも直木賞をとったばかりの司馬遼太郎に書かせたらどうなんだということで司馬さんに白羽の矢が立った。

原稿料はどうするんだということになって、元社員ですが、頼む以上は、それなりの報酬を払わなければいけないということで、金額が白紙の小切手を差し出したそうです。これに君の好きな金額を書き込めと。一〇〇万円ぐらいの金額を司馬さんは書いたようで、当時としては結構な収入です。連載が終わって、それがたちどころに消えてしまった。

何に消えたのかというと、東京の神田・神保町という古書街で、次作に予定している作品の資料をごっそり買いあさったということです。段ボール箱に詰めてもらって自分の家に送ると、もう家の中が足の踏み場もないぐらい資料で埋まったと。

伝説のようにいわれていますが、神保町には、周囲に大きな出版社がいくつかあります。司馬遼太郎が次に何を書くかというのを探ろうと思ったら、古本屋を回って、そこの主人に、今、どんな資料が売れているか尋ねればよかった。あるときは明治維新の資料であったり、あるいは、戦国時代の資料であったり、とにかく、ありとあらゆるものを司馬さんが注文しているので、神保町から消えた資料が、次の司馬作品だといわれていた。これは事実だろうと思います。

司馬さんは、それを読みこなすわけですが、その読みこなし方が独特というか、ただ文献を読むだけじゃなくて、その中に自分が入り込んでいく。「二一世紀に生きる君たちへ」の手法ですが、自分がその時代に行って、そこに書き込まれている人に会って話を聞く。そうすると、その人が例えば誰から薫陶を受けたのか、誰の教えを受けたのか、あるいはその弟子に誰がいるのか、友達が誰かということがわかってくる。そこから、また、次の人を訪ねていく。

いわゆる新聞記者が取材をするように、例えば事件があったら、その現場周辺を手当たり次第に歩き回って、その事件の全容に迫る取材をするわけですが、それに近いようなことを司馬さんはやっておられた。だから、歴史家で作家であるんだけれども、やはり新聞記者じゃないかなと思っています。

もう一つ、新聞というものを司馬さんは「公」であると言っておられました。だから、新聞記者はその公の姿勢を崩しちゃいけない。いわゆる公に対するのは私ですよね。公僕というと、お役人、官僚とイメージされますが、新聞も同様に、やっぱり社会に奉仕する、公器であり、それを職業とする新聞記者も公人だと、そこを間違っちゃいけないよとおっしゃってらっしゃった。二重の意味で、私は司馬遼太郎という人は新聞記者だったなと思っています。

司馬遼太郎と太平洋戦争

司馬さんの新聞記者時代を語るときに、原点として、戦争というものが欠かせない要素になってきます。司馬さんは、戦車部隊に配属され、栃木県の佐野で終戦を迎えました。終戦になって、生まれ育った大阪に帰ってくる。仕事のあてがない。ご本人いわくでは、高野山へ行って、坊さんにでもなろうかと思ったそうですが、とりあえず食いぶちを探さなきゃいけないということで、闇市を歩いていた。多分梅田にあった闇市だと思います。大阪は大空襲に遭いましたが、大阪駅の古い写真なんかを見ますと、一面焼け野原の中に大阪駅がぽつんと立っている。

今の大阪駅前第一ビルとか、第二ビルとか、ヒルトンホテルなどが建っている場所というのは、何もない。そこで畑を耕している写真がある。それぐらいに、大阪は壊滅的な被害を受けた。

ただ、たくましく、そこに闇市が立っていろんなものが売られていた。そこを歩いているときに、たまたまですが、空襲で焼け焦げた電信柱に「募集」の張り紙が見えた。しかし、上のほうが、ちょっと雨でにじんだのか読みにくい。多分、どっかの町工場が工員の経験者を求めているんじゃないかと思っていたら、後ろから声がかかって、「それは記者と書いているんだよ」と。「どっかの新聞社が記者を募集しているんだ」「どうだ、一緒に行ってみようじゃないか」と誘ったのが、その後の歩みをともにする大竹照彦さんという産経新聞の記者になられた方でした。

二人で生野にありました、新世界新聞社というのを訪ねていく。新世界新聞社は今はありません。当時、新聞社は、乱立といいましょうか、とにかく戦後は小さな新聞社がいっぱいできて、新聞を発行し始めた。

ＧＨＱ、すなわち連合国軍総司令部が紙の統制をしていましたから、新聞用紙も一社当たり、朝日新聞、毎日新聞といった大きな新聞社であろうが、新興のちっちゃな新聞社であろうが、同じだけの割り当てをする。だから、とにかく新聞社を起こせば、まず紙が手に入りました。

それと、情報というものに、当時物すごく需要があったわけです。よくいわれますが、阪神・淡路大震災、それから東日本大震災、このときも、その被災地で何が一番求められたのかといわれると、まず水・食料、その次に情報がほしいと。この情報というのは、例えば、家族がどこそこに避難しているとか、自分の今、行けない範囲、その外側の範囲がどうなっているのかとかですね。あるいは、その支援物資の配給についてどこへ行ったら何が手に入るとかですが、それと同時に、今、世界がどう動いているのか、日本はどうなっているのかというニュースが知りたいと。情報に、それだけニーズがあったということです。

とにかく情報をということで、新聞社はとにかく刷れば売れるわけです。しかし、一番もうかるのは何かというと、配給を受けた紙を横流しすることでした。

新世界新聞社も、表向きは一応、新聞を発行していたんですが、実は紙の横流しをしていたということで、司馬さんは、ちょっとがっくり来て、じゃあやめて、どっか別のところに行こうじゃないか。大竹さんと二人で京都の新日本新聞社に入りました。司馬さんは「トロッコ二台が連結して」と面白い表現をしています。つまり、まだ記者（汽車）としては半人前だからトロッコだと。

ここはまともな新聞社でした。しかも、京都はお寺さんが多いですから、宗教系のニュースを京都の地元だけじゃなくて、お寺の全国の末寺に、そういう情報を届けるような機能を持っていた。そのときに、たまたま新日本新聞社の人に、君はここにいてくれてもいいんだけども、希望があるんだったら、産経新聞に紹介するよということで産経新聞に移ったということです。

司馬さんは、よく自分は何のために記者になったのか、あるいは作家活動するのかということを、二一歳の自分に手紙を書く、書いて送る。そのためにこういう物書きという職業に携わることになったんだというふうにおっしゃっていました。

なぜ二一歳の自分なのか。ちょうど終戦の日の司馬さんは二一歳だったんです。実は絶望したわけですね。何に絶望したか。つまり、戦争体験を持たれる方というのは、私の父の世代もそうですが、やっぱりあの戦争が始まって、敗色が濃厚になったときに、もう自分は生きていないだろう。戦争が終わるのを見ることはないだろうと思った。

ということは、未来がないわけですよね。同時に、なぜこんな戦争をしたんだという、日本というこの国に対する疑問、疑念が湧いてくる。それを解き明かして、終戦の日に絶望した、あるいは疑問を持った自分への答えとして、後から書きつづろうと思ったということです。

その大きな理由は、佐野という栃木県の戦車部隊にいたということで、そこで終戦を迎えたということです。実は満州のほうに行っていて、満州から本土にその部隊が呼び戻された。なぜかといえば、本土決戦が近く、米軍が上陸してくる。それを迎え撃つための兵力が要るということで満州から戻された。

ところが佐野に来て、何をするかというと、毎日毎日穴掘りをさせられた。これはどういうことかというと、要するに日本の戦車は性能が悪いんです。アメリカの戦車なんかに比べると、はるかに性能が劣る。それは、いわゆる装甲板、戦車の鉄板が薄い。だから、敵の戦車だけじゃなくて、小さな砲で撃たれても、もう戦車自体が働かなくなってしまうぐらい、弱い戦車だったわけです。

それでも戦うためにということで、弾が当たらないように、穴を掘って埋めてしまおう。それで穴の先から砲塔、要するに大砲の部分だけ出して、敵が来たら、ドンと撃つ。次に、そこから出て、次に掘っておいた穴に移り、また頭だけ出して、大砲を撃つ。そういう戦法を考えたらしいんです。実にばかばかしいと思いますが、それを大真面目にやったのが戦争末期の日本軍だったということです。

司馬さんはそこで、何じゃこれは。一体この国の軍隊っていうのは、どうなっているんだろうということを考えた。

それともう一つは、首都防衛のための部隊ですから、佐野から東京まで結構、距離があります。東京に米軍。米軍というと、大体想定としては、千葉県の浜辺ですね。あの辺から上陸してくるんじゃないかといわれていたので、そうすると、そこを迎え撃つために佐野から戦車で向かわなければいけない。

ところが、恐らく、そのときには東京から避難をする人たちがどっと、戦車が向かう逆方向に、大量に移動してくるんじゃないか。もう道は埋まって、戦車なんかとても走れないんじゃないか。だから、司馬さんが大本営から作戦を考案するような上官が来たときに、「ちょっとお聞きしたい。東京から大量の避難民が出てきたときに我々はどうしたらいいか」と尋ねると、その大本営の上官は、「ひき殺していけ」と言った。

司馬遼太郎が伝えたかったこと

ここでまた司馬さんは非常に大きな疑問を持つわけです。軍隊というのは一体何のためにあるんだ。日本の国民を守る、日本の国土を守る、そのために存在しているはずの軍隊が国民をひき殺せと。そういう作戦を立てる。そんな国というのは一体何なんだというのが、やっぱりずっと司馬さんの頭の中に残っていた疑問です。日本というのは、いつからこんなしょうもない国になったんだ。昔にさかのぼれば、日本人として誇りを持てるような歴史があったんじゃないか、というのが執筆活動の非常に大きな理由になったんだろうと思います。

司馬さんは明治、江戸といった時代の日本文化が非常に大好きです。誇りに思っている。世界に冠たる日本文化というものを評価をしています。それから政治的にも明治維新から、日露戦争までのあいだ、この辺の日本人の頑張りというものを非常に評価する。

それに対して、日露戦争が終わってから、昭和になり戦争に至る、この辺がまったく同じ国とは思えないように変貌してしまった。これは何だろうかというのが、司馬さんの大きなテーマだったろうと思います。

ちょっと話をそらします。司馬さんの作品をよく読まれる方はご存知でしょうが、必ず物語が進んでいくと、余談ながらという言葉が入って、ちょっと話が脇道にそれるわけです。私もそれを使わせていただいて、余談ながらです。新聞社に入った司馬さん。産経新聞に入社いたしました。京都支局に配属されました。何を担当させられたか。当時、給料が安いということがあるんでしょうが、いっぱい記者がいました。京都支局だけで五〇人ぐらいいいました。

今は産経新聞の京都総局は、十数人ぐらいです。当時の新聞はペラペラでしたから、記事を載せるスペースがないんです。だから、書いても書いても載らない。しかも、司馬さんは何を担当したかというと、新日本新聞という経験がある。それでお寺にも顔がきく。当時、今でもありますが、西本願寺に日本で唯一の宗教記者クラブがあり、そこを担当させられた。もう一つは、京都大学の時計台に大学の記者クラブがある。その二つをかけ持ちしていました。しかし、ニュースといえば、切った張った、泥棒だ、火事だ、交通事故が主流ですから、お寺さんの話やら大学の話やらなんていうのはあまり好まれないというか、書いても書いても載らない。

司馬さんは、そういった状況で何をしたかというと、宗教クラブのソファーにごろんと横になって、西本願寺の書庫から、そこは仏教資料だけじゃなくて、歴史の資料の宝庫ですから、それを借りてきて、ずっと読んでいる。夕方になると、一応、京都大学も担当だからのぞいておこうかとちょっと京都大学のクラブに顔を出す。当時、一緒に京都大学を回っていた女性の記者の方がいらっしゃって、その人が司馬さんを風のような人だと。格好いい表現ですが、要するにちょっと来てすぐ帰っちゃうという意味で、窓から風が入ってきて、すっと吹き抜けていくような、全然落ちつかない人でしたね。

その後、どうするのかといったら、先斗町あたりの飲み屋へ行って、飲み屋で奥座敷を借りてごろんと昼寝をして、時間が来たら一応ちょっと支局にも顔を出しておかないといけないと言って出て行く。いってみたら非常にぐうたらな記者だった。

ただし、ぐうたらな記者ではあるが、勉強はものすごくした。その蓄積が後の作品に生きてくるわけです。だから、若い方々にこういうことを勧めると、後々悪影響を及ぼすかもしれませんが、うまく手を抜けということです。ガリガリやる必要はないです。ただし、その手を抜いたのは後になって、実りとなって、自分にとっても、あるいは会社にとってもプラスになるのであるならば、いい手抜きになるんじゃないかなと思っています。

そういうことで、司馬さんが京都支局で何年かの日々を過ごします。先ほど京都大学の話をしましたが、当時、京都大学というのは学生運動が華やかなところです。だけども司馬さんは、学生運動っていうのは一体何なんだということについては、一つ考え方を持っていた。中国で義和団の変がありましたが、日本の学生運動も義和団みたいなものだなと。結局、義和団の変というのは、民族独立、宗教がかったものですが、独立運動が結局、海外の列強の介入を招くという結果をもたらすわけです。だから、大学でやっている学生運動も、自分たちの主張を声高らかにアピールするのはいいが、それによって、当時の中央の政府であるとか、当時は文部省ですね、そういう教育行政の介入を招くだけで、あまり実りがないんじゃないかと思ってらっしゃる。

それと、大学担当でしたが、文系の著名な京都大学の学者先生とあまり交流がなかった。むしろ理科系の新しい科学技術みたいなことのほうがおもしろいから、そういうものを取材と称して研究室を訪ねていろいろ話を聞いた。

司馬史観の成り立ち

そういう風に、記者生活のスタートを京都でおくり本社に転勤になりました。本社に行ってからは、昭和三〇年代に入りますが、文化部で文学、それから絵画、芸術系の取材をされて、自分でも執筆活動を始めるということで、作家への道を歩み出される。

そういう司馬さんの記者時代を本にしようと書いたわけです。ところが、司馬さんは、自分のことを全然書き残していない。いわゆる自伝のない人です。作品は膨大にありますけれども、自分の若い時代からこういう考え方をしていたとか、こういう生い立ちだったということはほぼゼロに等しいぐらいに何も書いていない。

唯一、司馬遼太郎さんが本名の福田定一という名前で書かれた本があった。絶版になっていましたが、それを一冊手に入れまして、三人分コピーをして、そうか、司馬さんは若いころこんなことをしていたんだ、こんなことを考えていたんだということをみんなで読みました。

二〇一六年、『ビジネスエリートの新論語』というタイトルで、文藝春秋から出ました。これが、実をいうとタネ本です。その中に、司馬さんのエピソードとして、二人の老記者という文章が残っています。

それは先ほど言いました、新世界新聞の当時出会った記者です。年輩のみすぼらしい、復員服というんですか、兵隊時代からそのままずっと同じ服を着て、しかもその新聞社の、民家のようなところですから、押し入れに薄っぺらい布団を敷いて、そこで寝泊まりをしている。

その老記者と夜中、仕事が終わった後に、安い酒を酌み交わしながら話をする。先輩ですから、いろいろ教えを請う。新聞記者にとって、大成する、要するに成功する、大きくなるというのはどういうことでしょうかと聞いたら、その記者が、「わしのようになるこっちゃ」と。わしのようにといわれても、目の前にいるのは薄汚れたおじいさんなわけです。何も輝くような経歴は、どうもなさそうだし、整理記者ですから、見出しをつけレイアウトをする仕事ですが、その人の書いた文章を読んだことがない。

だけど、その人が自分のようになれと、これが大成だと言っている。実はこの方から、司馬さん、その後、いろんなことを教えていただいた。例えば文章の書き方もそうですし。例えば、司馬さんの原稿が出てくる。新聞に載せるためにレイアウトするわけです。ここをこうちょっといじったら、この文章はいい文章になるよとアドバイスを受けるわけです。

そういう人物をみて、一体、新聞記者というのは何だろう。社長になって金もうけをする、それも一つの栄達の方法でもあるだろうし。いわゆる名文家、あるいは大記者になって、世の中にジャーナリストとして影響力を持つというのもいい。だけれども、本質は目の前にいる薄汚れた老記者のように、目立たない、縁の下の力持ち、その人がどんな仕事をしても、栄光に包まれることはない。お金で報われることもない。けれども、そういう人間がいてこそ、新聞は成り立っているんだろうなということで、それを司馬さんは忍者に例えた。

要するに影のように仕事をする、殿様に仕えて。だけれども、その働きっていうのが誰も認めてくれないし、死んでいくときもひっそりと人知れず亡くなっていく。そういう忍者と自分が見た老いた記者というのは、よく似ているんじゃないかと。そこから発想して書いたのが直木賞をとられた「梟の城」という小説です。

だから、司馬さんの作風というのは、どれもそうですが、先ほど言いましたように、歴史書の中に自分が入り込んでいって、そこを訪ね歩く、取材して歩く、そこから見つけ出したものを物語につくっていくと同時に、自分の体験みたいなものですね。人がこう言っている、こう言っているというものをつなぎ合わせて、引用で書くというのは非常に少ない。やっぱり司馬史観といわれるものは、僕はそういうふうに成り立っているんじゃないかなと思っています。

最近、司馬史観に対する批判が結構あるんですね。司馬史観はちょっと偏り過ぎていると。その最たるものは、先ほども言いましたが、日本の戦争に至る道、それから敗戦に至る過程、その過程を司馬さんが非常に厳しく断罪したわけです。それをさかのぼって、日露戦争まで持っていって、日露戦争以降の日本軍のていたらくというものを分析された。

だけれども、今、振り返ってみると、戦前史については、そこまで日本も悪くなかろう。欧米の強い国にいじめられて、いじめられて、耐えに耐えたけれども、やむにやまれずで戦争を始めたんじゃないか。軍部だって、自分たちの私利私欲でそんなことをしたんじゃなかろうと。

あるいは、アジアの国、迷惑はかけたけれども、その後、独立したというのも、日本の戦争のおかげといってはなんですけれども、一つの余波みたいなところで、すべてがすべて悪かったんじゃないというような、そういう見方も出ている。だから、司馬さん、ちょっと厳し過ぎるんじゃないですかという意見も出ている。

ただし、司馬さん自身もすべて承知のうえですね。だから、あの戦争は侵略戦争だって、はっきり書いておられる。そのうえで、なぜそうなのか。そこに至る過程で、やはり戦車なんかはもうペコペコの鉄板の弱い戦車しかつくれなかった。あるいは、陸軍の歩兵が持つ銃も三八銃という、明治の日露戦争のころの銃からちっとも変わっていない。

それから、陸軍の兵隊さんは、とにかく歩きますから、やっぱり足元が非常に大事なわけですよ。服装を含めて。それもやっぱり明治時代から進歩していない。あとは、精神力で補え。寒いと思うから寒いんだみたいな、そういう無茶をいわれていた。

特にイギリスの軍隊なんかをみると典型的ですが、よくファッションの世界でトレンチコートというのが定番のように冬場着られていますよね。バーバリーとかアクアスキュータムとか。これは、軍の塹壕の中で、あのじめじめした気候の塹壕の中で、少しでも暖を逃さないようにという工夫でつくられたファッションなわけです。

だから、国を挙げて、そういうものの開発に取り組んで、一番いいものを軍隊に支給するという欧米の国と、日本の精神力で耐えろというのは、一体どっちがどうかといわれたら、もう明らかに戦う前から負けているなという気がしますよね。

そういうものを、司馬さんは、第一に自分が新聞記者ですから、新聞の歴史の中からひもといていく。何人か有名なジャーナリストを挙げています。一人は徳富蘇峰。この人は明治期の大ジャーナリストであり、いろんな分野で活躍された方です。日露戦争で、日本が勝った勝ったと沸いた。ポーツマス条約で、ロシアは負けたんだから、あれもよこせ、これもよこせ、領土は樺太全部よこせ、あるいは賠償金これぐらい払えと要求した。けれども交渉が一向に進まない。ロシアのほうはロシアのほうで、負けたと思っていない。やろうと思ったらまだできるんだ。そこまで無茶言うんだったら、もう一回やってやってもいいぞと。

ところが日本のほうはもうこれ以上、戦うことはできない。そういう部分でいうと、あまり成果のない交渉が終わって、日本の代表団は帰ってきた。

そのときに、徳富蘇峰の経営していた国民新聞というのが、これは仕方がない。要するに日本の国力、あるいはこの戦争の後始末を考えたときに、ある程度のところで譲歩するのは仕方ない。そんなに欲張っちゃいかんと書いたわけですね。

ところが戦勝気分の国民はおさまらない。しかもそれを逆に煽る新聞社もあった。東京の日比谷公園で総決起集会みたいなものが開かれて、それで怒りに火がついたわけです。何だ弱腰の政府がということで、いろんなところが焼き討ちをされ、国民新聞もその一つで焼き討ちに遭っている。

しかし、徳富蘇峰は客観的に分析して、この戦争の落としどころはこういうところだという、それを曲げるわけにはいかないということで正論を貫き通して、焼き討ちに遭った。これが一つのジャーナリストの矜持じゃないかと思います。

それからもう一人、桐生悠々。信濃毎日新聞という長野の新聞社があります。ここの主筆、記事の総元締めみたいな仕事をしていた方です。

一九三三年まだ戦争の前ですが、当時、満州事変であるとか、中国戦線がきな臭くなっていて、昭和史の中でいうと、ターニングポイントみたいなところですね。戦前の、いわゆる第一次世界大戦後の日本の景気がよくて繁栄したところから、歴史が暗転していく、そういう境目にあったんですが。

そのときに、軍が首都防衛のための大演習をやる。その想定というのは、後に現実になるんですが、東京に敵の爆撃機がたくさん来て、空襲を受けたらどうするんだ。それに対する対策をとろうじゃないかということで大演習をやった。それを桐生悠々としては、自分のところで、関東大演習という名前ですが、「関東大演習を嗤ふ」と書いたんですね。わらうといっても、わははの笑いじゃなくて、ちょっとひねくれて、ふんみたいな、そういう笑いのほうです。

それに軍のほうがかちんと来たわけです。こっちが真剣にやっているのに何だと。なぜそう書いたかというと、要するに東京、首都、その空に敵の爆撃機が来るということは、もうその戦争は負けているのではないか。そのときに泥縄いわゆる泥棒に入られてから縄をなうみたいな対策をとっても意味がなかろう。むしろそれよりは、そういう自体に陥らない交渉ごと、外交、あるいは別の意味で日本の本土といわれる地域が戦禍に遭わない政策を考えるのが本質じゃないかと。これも正論です。

ところが、軍のほうは、腹が立って、なかなかおさまらない。どうしたか。不買運動を始めた。いつの時代もそうですが、やっぱり、新聞が売れないというのはつらいです。しかも、軍としては、自分たちの影響力のある国防婦人会みたいなところを動員して、とにかく信濃毎日新聞を読むなという指令を出した。それに抵抗していたんだけど、ついに兵糧攻めみたいなもので、桐生悠々も辞任して、信濃毎日も折れるという形になった。

日本の地方新聞の中には、そういう新聞社が何社かありました。福岡のほうでも骨っぽいジャーナリストがいた。だが、時代の大きな流れを堰きとめることはできなかった。

なぜか。大新聞、全国紙的な大きな新聞社が迎合したわけです。大衆迎合。要するに今の流れからいうと、こうしたほうが受ける。受けるということはもうかる、金になる。それがいかに国を誤らしたかということも、司馬さんとしては一つ警鐘を鳴らしておきたい。

だから、一九四五年八月一五日の若き自分に手紙を送るとするならば、そういうもろもろを反省材料として、あるいは教訓として、これからの日本に生かそうということを書き続けてきたと思っています。

作家になって以降の話はこの辺でと思います。

コラムの要諦

最後に、論説について学生諸君には多少参考になることを伝授しておこうと思います。

論説委員という肩書きをいただいて、コラム書きということで、原稿用紙ちょうど一枚分、四〇〇字ぐらいの短いコラムを夕刊に書いています。

文章というのは、起承転結といわれますね。始まりがあって、そこからちょっとぐじゃぐじゃと転がしていって、最後に結論を持ってくる。起承転結でちょうど四コマになります。

僕は三コマで書くんです。これが僕は新聞記事の書き方としては一番いいかなと思います。起転結です。まず、入り口をどこに持ってくるのか。それでそこからどう転がすのか。最後に落としどころはどうするのか。場合によっては、おしまいのほうから始めるときもあります。結転起ですね。皆さんも一度、文章書くときに試してみられたらいいのではないかと思います。

もう一つは、これは新聞記事の常套ですが、逆三角形ということをよく言います。要するに、最初のところに、一番書きたいこと、エッセンスを凝縮していく。まず結論を先に出すということですね。

見出しも含めてですが、「何が言いたいんだ」ということを回り回って、どこにたどりつくのかなと思って、やっとたどりついたら、こんなしようもない結論かというのでは、おもしろくも何ともないわけで、最初に「この記事はこういうことが言いたいんですよ」ということを書くのが、恐らく読み手側からすると興味を持ってもらえる。だから、さっき言いました、三コマで書くんだったら、起転結の逆ですね。結転起です。場合によったら起の部分が削られてもいい。そういう書き方をされてもいいのではないかと思います。

それと、論説というのは、各社ともそうですが、署名は入りません。論説委員は数多くいますが、いわゆる社論ということで、会社の見解、意見です。だから会議をしてテーマを決めます。「今日は何で行こう」と。

北朝鮮の問題のように一言申しておこうじゃないかというようなときに、わが社の場合ですが、東京に論説委員が二〇人ぐらいいます。それが朝、会議をします。担当があり、外交の専門の論説委員もいれば、政治の政局等に詳しい委員もいる。科学に強い委員もいる。社会問題、災害とか、事件、事故を担当する人間もいるんですが、それが全部寄り集まって会議をします。岡目八目で専門の人間では気づかない発想、意見が出てきます。

司会をしている論説委員長がまとめて、「それじゃ、わが社の論調、社論というのはこの方向で行こうじゃないか」。そして、担当記者に書いてくれよ。その記者が書くというのは、自分はこう思っていますということじゃなくて、今、議論されたその中身を、文章として一つの形におさめる。だから、社論であり、署名がつかないわけです。

だから、できるだけ自分を殺して、しかも言いたいことをまず前に出してはっきりわかりやすくする。なぜならそのロジックも、やっぱりわかりやすくなければならないし、そこで論理が破綻しちゃうと、最初に言っていることが何言っているかわからないということです。何でも結構ですが、書いていただきたいと思います。

過激に論を立てる必要はないのですが、学生の皆さんには、とんがった意見を書いてほしい。それと何をテーマに選ぶのかですね。政治なのか、外交なのか、あるいは社会的な問題なのか。どのテーマを取り上げても結構ですが、せっかく書くのですから、自分なりの視点を大事にしてほしい。よそから借りてきた、お仕着せの論を論文にしても、いい点はもらえないと思いますよ。やっぱりそれなりの、誰それの考え方は結構おもしろいなと思えるような、論説を書いていただきたいですね。

質疑応答

市川　どうもありがとうございました。質問おありの方はいらっしゃいますか。

質問者　貴重なお話、ありがとうございました。

先ほど信濃毎日の戦争の話、首都の防衛の大演習をやったときに、正論、今からみると正論ですね、軍の大反発で不買運動が起きたというときに、本来であれば、当時の新聞各社、まとまって意見の違いはいいけれども、不買運動というところまで立ち入ったときに、新聞業界が結束をして反発すると。逆にいうと、まとまって、もうそんなことなら新聞は出さない、新聞社がストライキ始めるぐらいのことができないのかなと。

鹿間　おっしゃる意味はよくわかりました。多分、僕は戦前のことはよくわかりません。恐らく日本新聞協会のような業界団体というのがなかったんじゃないかなということと、もう一つは、戦後こういった形でたくさんの新聞社が雨後のタケノコのようにできましたが、その前も、やっぱり新聞社同士の競争が非常に激しい状態ですね。だから、むしろ潰れるなら潰してしまえと。それによって、こっちは漁夫の利を得るんだみたいなところがあったんじゃないかなと思います。だから、論も今よりはかなり過激で、いってみたら、こっちの新聞社とあっちの新聞社とまったく違う。それ同士でけんかをするというようなこともあったろうと思います。

一枚岩になれないのかということですが、戦後はご承知のように、新聞協会のような団体もできています。消費税の問題で足並みがそろうだけじゃないのっていうのは非常に耳の痛いご指摘です。私が記憶する限りにおいて、全社が一致して声明を出したことがあります。一九六〇年、安保闘争のときです。安保闘争で、国会デモで死者が出たときです。これは言論の危機である。要するに暴力では何も解決しないぞということを各社統一の声明を出したことがあります。

だから、今後もやっぱりそういうことはあり得ると思います。ただ、だからといって、それぞれの社の姿勢、スタンスにたがをはめるというようなことは、よろしくない。自由に、自分たちの報道、言論を闘わせながら、やっぱり手を取り合うべきとき、足並みをそろえるときは一致して対抗するということなのかなと思います。

市川　お次の方どうぞ。

質問者　興味深いお話ありがとうございました。

先ほど論説についてのお話をお聞きしたのですが、先生がおっしゃった、いろいろ問題がある新聞、職場ですね。最近、当然、新聞社としての論説、意見はいいのですけれど、事実を伝えるという部分と切り分けて、自社の趣旨を伝えようという切り分けが本来あるべきが、事実の記事の中に、自分たちの意見が混ざり込んでいて、質が落ちてきたなと私は感じるんですが、その辺、先生、どうお考えですか。

鹿間　これは、司馬さんの言葉を借りますが、情報にはいくつかの種類があるということですね。いわゆるインフォメーション、単なる情報、要するに事実、ここでこんなことが起きてます、あるいはこの人が亡くなりましたとか、それだけの話ですね。

それを知識に変えていくと同時にそれが将来、あるいは日本という国のかじとりのために、日本がどうあるべきかという一つの指針を与えるような。これを叡智といっていますが、ウィズダム、叡智になる情報と。だから新聞というものは、情報を伝えるメディアではあるけれども、その中から、きちっと精査された叡智を読者に与える機関にならなければいけない。今、おっしゃったことは、要するにそれがごっちゃになっている。記者も稚拙になっているのは、事実を伝えるべきところに、最初からバイアスがかかるわけですね。こうあらねばならないみたいなことが、やっぱり本来、事実の中に紛れ込む必要がないものを紛れ込ましてしまう。

ニュースには角度をつけるという言葉があります。角度というのは、要するに一つの物の見方をそこにもぐり込ませる。まさに、今、ご指摘のあったことです。そうじゃないと、○○新聞の報道として値打ちがないと、みんな思い込んでいたわけですね。だから、それが行き過ぎると事実から外れてしまうというところが出てくる。それを司馬さんが、それよりかなり前から指摘していたと思います。

市川　あともう一名ぐらいどなたかいかがですか。

質問者　授業で記事を書いて、今度は論説を書くんですが、記事は署名ある、通常あるかもしれないですけど、論説は署名はないと言っていたので。やっぱり記事を書くスタンス・過程と、論説を書くスタンス・過程みたいなのは違うと思いますけど、論説を書き始めた時に、何か苦労する場面とかありましたか。

鹿間　一番大事なことというか、これができたら、もう半分以上も書いたも同然です。見出しです。例えば北朝鮮問題。それにこの論説はこういうふうに訴えていますよというのを文字数にして一二文字ぐらいで考えてみてください。エッセンスを見出しで一表現できたら、それでもうほぼできたと同然です。だから、常に見出しを考える、これは日々の生活の中でも生きると思います。僕も最近新聞記者の希望者が少なくなっているので、ちょっと寂しい思いをしているんですけれども、何がいいって、僕ら、こうやって毎日原稿書いているじゃないですか。そうすると、今日甲東園の駅から歩いてくるこの道筋もそうですし、こうやってキャンパスの中なんか久しぶりに入った。何かネタにならないだろうかなと思って見ているんですよ。今は学生さんから質問をいただいた、それをひょっとしたら明日書くかもしれないけれども、そういう何を書こうか、もの欲しそうに見て歩いていると、今まで見えなかったものが、いろいろいっぱい見えてきますから、そういうくせを僕はつけられたほうがいいんじゃないかと思います。

それをどういうふうに表現するのかというのを、一つの習慣として身につけられるのが、よいのではないでしょうか。人と話していても、何言っているかわからないというのと、こいつの話はすごくわかりやすいなというのは、印象が違いますよね。結論というのか、言いたいことがすっきりわかるように、最初にどんと言える人っていうのは、やっぱり会話していても、非常に歯切れがいい感じがしますよね。そういうのを身につけられたらいいんじゃないかなと思います。

市川　ありがとうございました。

第9講

デジタル時代の新聞
新聞社の役割はどう変質するのか

新聞のこれからのビジネスモデル

私は先日東京でゴルフに行ったんですけれども、二五歳のキャディーさんと話をしていたら、「新聞を触ったことがない」。読んだことがないではなく、触ったことすらないことに少なからず衝撃を受けました。お父さんは四八歳で、それぐらいの世帯主の家庭では、新聞をとっていない。切実な話です。

では、新聞社ってどうやって生き残るんだろう、新聞というビジネスモデルはどうなるんだろう。今、私は産経デジタルという会社を経営していますが、いわゆるデジタル化時代にどうやったら新聞は生き残れるのか。紙がなくならないにしても、デジタルとの共存共栄はどうするのか、そういう時代に入ってきています。

新聞社にとって越えていかなきゃいけない壁は締め切りです。締め切りというのは、新聞社にとって、新聞記者にとって本当に命と同じぐらい大切なものです。一日に四回から五回ある締め切りを、朝刊、夕刊をやりながら記事を書いていかなきゃいけない。

さっきキャディーさんの話をしましたけども、では彼女はニュースに関心がないかといったらそんなわけではなくて、日馬富士が何を使って貴ノ岩を殴ったか知っていましたし、北朝鮮問題にも非常に関心を寄せていました。ということは、彼女は新聞は見ないけども、ニュースにはキャッチアップしています。それが今、新聞とデジタルをどうやって結んでいくかということの一つの大きなキーワードになってくる。「締め切り」を最後まで覚えておいていただきたいと思います。

新聞・雑誌といった活字メディアにとってエポック・メーキングとなったのが一九九五年です。一月一七日の未明、関西、とりわけ西宮から神戸にかけてお住まいの方には忘れることのできない、阪神・淡路大震災が発生しました。

発生時、私は東京勤務だったので、あの揺れを知りません。発生から三日後、神戸に入って取材に走り回りました。

一カ月ほど神戸総局で寝泊まりをして、東京に戻りました。本でも書こうかなという話になったときに起きたのが地下鉄サリン事件。これは、日本でいまだかつてない、悲惨なテロ事件でした。私たちの同僚も取材に行って、今元気に彼は活躍していますが、巻き込まれました。戦後史に残る大きな二つの事件が約二カ月のあいだに発生したわけです。

実はこの一九九五年というのは、新聞社や雑誌社、いわゆる活字メディアにとって一つのピークでした。私が当時いた夕刊フジでいえば、発刊以来最高の部数を出しました。ちょっとおくれて来たバブル状態で、紙の媒体はほとんどすべて、スポーツ紙も雑誌社も、週刊文春や週刊現代といった週刊誌も当時七〇万部とか八〇万部というとてつもない部数を出していました。しかし、この一九九五年が、活字メディアの終わりの始まりだったのです。

実はサリン事件が一段落ついた年、私はまた大阪に戻ってきました。そして、デスク当番をしているときに、一一月二三日だと思うのですが、何げなくテレビを見ていたら、真夜中に学生たちが大行列をつくるニュースをやっていました。大阪の日本橋と東京の秋葉原。何に並んでいるかというと、マイクロソフトが出したウインドウズ95というＯＳを買うために並んでいたんです。実はそのときから、いわゆるインターネット革命というか、もう当たり前のように活字がネットの世界に移り行く、その時代の始まりだったと、この年をとらえることができると思います。

それから二〇年後、産経デジタル一〇年目のときに私はデジタルの世界に入ってきました。

産経新聞社のデジタル化戦略

ここからは新聞社におけるデジタル化とはどういうことなのかという話をさせていただきます。

最初に申しましたように、新聞を読んでいただいている世代は、団塊の世代。この世代が新聞をずっと支え続けてくれています。

平日に一五分以上新聞を読む人の割合は、七〇代以上が五九％、六〇代が五五％、五〇代になると三九％にまで落ちます。一六歳では五％。恐らく、実際はこれより低いと思います。

そして、一日一五分以上新聞を読む人の推移では、団塊の世代の六〇％ぐらいの人が、二〇代のときから新聞を読み続けてくれている、非常にありがたい層です。日本人の平均寿命は女性が八六歳、男性が八〇歳。もう一つ、健康寿命というのをよくいわれます。つまり、元気に新聞を読んだり、ちょっとウォーキングしたり、遊びに行ったりできる、何不自由なく元気に過ごせる健康寿命は、実は男性は七一歳、女性は七四歳だといわれています。

そうすると、五年後、オリンピックが終わった後の二〇二二年、団塊の世代の方々のほとんどが健康寿命を超えていくんです。もちろん、今は医療も発達して、非常に元気で、こうやって学習意欲のある先輩方もおられますし、アクティブな人たちがおられるんですが、全体でとらえると、五年たったら、新聞を読んでくれている、新聞を支えてくれている団塊の世代が健康寿命を迎えてしまう。

そうすると、どういうことが起こるのか。業界でいうところの、介護どめ、入院どめ、死亡どめが始まる。つまり、新聞が介護によって、もう要らないよと、病院に入ったら当然要らないよと、亡くなったらとりようがないよねと、そういう時代がもう間もなくやってきます。

これは新聞の発行部数と世帯数の推移ですが、二〇〇〇年にはまだ全国で五〇〇〇万部を超えていた新聞の部数が、つまり一世帯当たり一部以上必ずとっていた時代が、今では〇・八％。一世帯に一部なくなりました。この数字ですら、私はまだ過大評価かなと思っています。実際、肌感覚としたら、もっと新聞をとっていると世帯は減ってきていると思います。

ほぼ毎年一〇〇万部ずつぐらい、新聞全体の部数が落ちていっています。一〇〇万部というと、毎年北海道新聞と同じ規模の新聞社がどんどん潰れていっている、そういう状況が今、新聞というメディアの置かれている状況です。

では、新聞社はどうやって生き残ればいいんだろうということで、我々は今、毎日のように会議をして生き残る道を探ろうとしています。

一つ目は、やっぱりダウンサイジング。実際の部数が減っていく以上、その部数を支えるだけの筋肉質の体質にしなきゃいけない。新聞社は、物すごく固定費がかかるビジネスです。例えばインク代とか紙代とか、輪転機を維持するための費用、そして人件費、このあたりが全体の七割近くを占めている。

ですから、各社ともこういうところは、ダウンサイズはすでに始まっていますが、もう一社でどうこうできるようにはなってない。大手の新聞社同士、あるいは地元の有力紙である地方紙とパートナーシップを組んでやっていくしかない。共同で輸送するとか、紙を仕入れるとか、そういうことをもっとやっていかなきゃいけない。

二つ目は、ウェブ・パーフェクト。つまり、記事を、先ほど申し上げた締め切りの壁を飛び越えて、デジタルに最優先に出していく。産経新聞は一〇年以上前からやっているんですが、まだまだパーフェクトとは言えないです。ウェブ・ファーストというのは今もやっていますが、パーフェクトにはなってない。

そして三つ目は、新規事業と書いていますが、もう新聞社は新聞だけつくっていては維持できない。例えば、ある新聞社は不動産業に力を入れているし、それ以外のビジネスもやっていかなきゃいけない。教育事業だとか高齢者向けの介護ビジネスだとか、そういう新聞とは関係のないビジネスを始めていかなきゃいけない。産経新聞も中期経営計画をつくりまして、今は本格的に旅行業に参入しています。新聞社でしかできないようないろんな旅行をつくって、たくさんの人に来ていただいています。ただ、大きな旅行会社がある中で、新聞社が取り組む旅行ビジネスが会社を支えるまでになるかというと、なかなかそうはいかない。

ということで、この三位一体、ダウンサイジングとウェブ・パーフェクトとデジタルビジネス化、それと新規事業、この三つを並行して進めていかなければ、新聞社は生き残っていけないと考えています。

ちょっと話が閑話休題みたいになりますけれども、私はデジタルに二年前に来たときに、よく先輩方から「じゃあ鳥居、デジタルって何をするとこなんや」と聞かれました。よくわからないまま私は、「恐らくアナログ以外のすべてのこと」と言っていました。これは、実はあんまり外れてなかったと今も思っています。アナログ以外のすべてのことがデジタルだと考えてもらえばいいと思います。

では、ちょっとしたクイズです。世界中の人が、今一日にどれぐらい平均で歩かれると思いますか？正解は六九四一歩。一番たくさん歩くのが香港の人で、あんまり歩かないのがインドネシアの人。ちなみに、日本人は六〇四〇歩だそうです。

そのこと自体は「へえ」ってなもんですけれども、問題は、何でそんなことがわかるのか。これはもう皆さんお気づきのように、スマートフォンです。スマートフォンの中には加速度計がついていて、これが歩数を勝手に測ってくれます。ですから皆さんも、気がつかないうちに何歩歩いたか、それがいわゆるビッグデータになっていて、瞬時にして平均歩数がわかってしまう。世界中の七〇万人のデータを解析して出しているので、相当精度が高いといわれています。

つまり、デジタルの世界は、プライバシーもなにもない。匿名データなので別にそれが悪用されることはないんですが、不気味といえば不気味です。

では、新聞社にとってデジタルファーストとはどういうことなのか。昨年、ドイツのアクセル・シュプリンガーという巨大メディア企業に勉強に行ってきました。ドイツもそうですし、オーストリアもそうですが、イギリスも、もちろんアメリカも、紙の新聞を出しながらも急ピッチでデジタル化を進めています。見に行ったら、いわゆる日本の編集局とイメージが違います。ニュースルームと彼らは呼んでいますが、真ん中にどんとニュースセンターのようなものがあって、そこに各地に散らばっている記者たちの情報が全部寄せられて、寄せられたデータをすべてウェブに、デジタルの世界に先に紹介する。その中からシャッフルして、質の濃いものだけを選んで、新聞にしている、そういう仕組みになっていました。

これが、我々が生き残っていく一つの方法だと思っています。新聞紙、紙面だけでなく、内容が濃く評価に値するデジタル情報も配信する新聞社、これが多分今の産経新聞の形だと思っています。そこから、内容が濃くて、評価に値する、新聞も発行するとデジタル事業会社、主語がひっくり返ります。恐らくこれから、産経だけじゃなくて、生き残っていくためには、デジタル情報会社が新聞も発行するという形になっていくのではと思っています。

例えば日経新聞は去年ＦＴ（Financial Times）を巨額のお金で買収したりして、日本の中ではデジタルの切りかわりが、数少なくうまくいっている。それは、日経新聞は経済情報を売り物にしているので、非常にやりやすかったこともあるでしょうし、いわゆる新聞社における専売店比率がそれほど大きくないこともあって、日本の中ではデジタル化がとても進んでいるところです。

ことし日経新聞は四〇〇円ほど値上げしました。新聞社にとって、値上げをするのは非常にリスクです。読者が離れていきますので。ところが、そのときに、電子版の値段は上げませんでした。つまり、紙よりも電子版のほうに誘導したいという戦略がみえてきます。

例えばこのあいだの総選挙では総選挙ライブが始まりました。総選挙ライブってどういうのかというと、ほとんど数分置きに現場の記者たちが、選挙事務所からの速報を写真と短い原稿でどんどん上げていくんです。実は、我々はもう一〇年前から法廷ライブや記者会見をネットでどんどん発信していくことをやりました。日経新聞の場合は、これに動画だとか写真をつけて、ビジュアライズされたものを発信していくということを今積極的にやっています。

もう締め切りを飛び越えています。二四時間必要な情報を流しましょうと、そういう体制になっています。当然、現場の記者は大変です。今、日経新聞もこの締め切りの壁にぶちあたって、もがいているところかもしれません。

産経デジタルのビジネスモデル

ここからは、産経デジタルという会社について、ウェブ・ファースト、ウェブ・パーフェクトってどうやってやるべきなんだろう、あるいは新聞社にとって新しいビジネスとはどういうことなんだろうというお話をしたいと思います。

産経デジタルは、二〇〇五年一一月に産経新聞のデジタル事業会社として設立されました。今、全国紙でデジタル事業会社を別会社、別の株式会社にしている会社は、産経新聞だけです。ほかの新聞社はすべて、マルチメディア局だったりデジタルメディア局だったり名前は違いますが、会社の一部局としています。

弊社はこの一二年のあいだにさまざまなサービスを出してきました。その中で、例えばマイクロソフトと組んだMSN産経ニュースはたくさんの人に読まれました。学生に、産経新聞を読んでいますかと聞いたら、読んでいますと言っていただいてすごくうれしかったんですが、皆さんiPhoneの無料版を読んでいました。産経新聞iPhone版というのは二〇〇八年一二月に出しました。これは、スマートフォンだったら、今日の産経新聞を無料で見ていいよという、ある意味、画期的なビジネスというかサービスでした。

なぜそんなことをしたかというと、産経新聞は、関西ではそこそこ名前を知られていますが、東京に行くとまだまだ部数も多くないし、知らない人もいるということで、一種のPR作戦、要は試供品のような形で出したんです。これが爆発的にヒットをしてしまいまして、七〇〇万ダウンロードまでいっちゃったものですから、やめるにやめられなくなっちゃって、七年間無料で見せていました。

もちろん新聞そのものはタダだけど、そこに広告がつくので、いわゆる無料広告モデルといいますが、それで十分利益が上がっていました。ところが、そうすることによっていろんな弊害も出てきました。そして、無料の広告モデル自体が今、疲弊をしている中で、去年ついにこれをやめました。

同時に有料の産経電子版を本格的に始めました。これは今、非常にうまくいっています。収益性が高いビジネスモデルになってきています。でも、部数自体はまだまだ少ないので、日経新聞のような戦略をとっていかなきゃいけないと考えています。

次にデジタル事業会社として、外出ししていることのメリットって何でしょうかというお話をさせていただきます。

まずは、収益の明確化とあります。デジタルってどこからどこまでがデジタルの収益で、どこからどこまでがそれ以外なのかがわからない。アナログ以外のすべてのものといったら全部になってしまうわけですから。となると、我々のように外出しをしていると、産経デジタルは年間何十億円というお金を稼ぎます、利益、利益率が明らかになるので、収益が非常に明確です。この部分は、各社の人とお話をしていても非常にうらやましがられますし、今度、このテーマで韓国にお話をしに行ってきます。外に事業会社を出すのは、メリットもあればデメリットもありますので、なかなか難しいところですが、やはりデジタル収益の明確化が大きなポイントの一つです。

二つ目はスピード。これはもう圧倒的に経営のスピードが違います。デジタル事業会社の場合、大体新聞社の一年が一カ月、あるいは一〇日ぐらいの感覚で過ぎていきます。それぐらいのスピードで物事を決裁していかないと追いつかない。あんまり逡巡している時間がないです。例えば、最近ですと、ＡＩスピーカー。グーグルとかアマゾンとか、ソニーも出しているしＬＩＮＥも出している。そういう音声のところに、例えば「オーケー、グーグル」と言って、「今日のニュースを教えて」というと、ＡＩスピーカーが今日のニュースを話してくれる。

ただそういうサービス、これってコンテンツを提供している側はなかなかお金はもうからないんですよ。ニュースを出すほうには一切お金が入ってこない。だけど、そういうものに対してチャレンジをするかしないかという判断をしなきゃいけない。多くのメディアがニュースを出していますが、実はうちはまだ出していません。

一方で、大手通信会社が同じようなことを今、模索していて、スマートフォンを使った音声ニュースサービスをやっています。そこと産経デジタルは契約をして、ニュースを流すことによってお金をいただくというビジネスモデルを始めています。そういうこともあまり逡巡している暇がない。あっという間に決めて、あっという間に契約までいかなきゃいけない。新聞社の場合、図体が大きいですから、経理の判子をもらい、経理担当の役員の判子をもらいなんてことになってると、出おくれてしまうということがあります。

そういう意味で、新規サービスの自由度という意味においては、思いつくことを「よし、これでいこう」ということで始めることができる。本社だと、本当にいくつも会議を経たうえで決めることが、例えばうちの社員が、こんな話があって、こういうところとアライアンスしませんかというと、それ、おもしろそう、じゃあそうしようかなんて決めることができるのが、事業会社を別会社にしているメリットだと思っています。

デジタルとアナログの間

我々の業界でよくデジタルとアナログといいますか、紙とデジタルの違いのところでいわれることですが、アメリカの東海岸、つまりニューヨーク、ワシントン、あちらのイメージが、例えばそれを置きかえると、日本の場合ですと東京の大手町とか丸の内とか、あの辺のサラリーマンのイメージでしょうか。きちっとスーツを着て、経済紙を脇に挟んで東京駅近辺を闊歩している、それが東海岸のイメージです。

一方の西海岸は、いわゆるロサンゼルス、サンフランシスコ、シリコン・バレー、あの辺りを指すんでしょうが、東京でいえば渋谷とか六本木、恵比須あたりにIT関係の企業が集中しています。ジーパンとセーターで仕事をして、カフェでパソコンを打ちながら仕事をするというイメージです。そうすると、そこで働く人、人材も考え方もある意味まったく逆というか、進む方向も違う、そういうことが明確になっています。

設立一二年たった今、我々は紙からデジタルへのリプレースは終わったと思っています。事業会社ができたときに、新聞社のコンテンツ、産経新聞の場合、新聞社の一面からラジオテレビ面に至るまでのコンテンツをばらばらにして、ウェブサイトに上げていく、産経ニュースに上げていくというのが、ずっと我々がやってきた仕事。ほとんどの新聞社がやってきた、紙をデジタルへリプレースするという作業です。ところが、その時代はもう終わりました。

かつてはページビュー（ＰＶ）至上主義が闊歩していました。長い間、デジタルの世界では、新聞の部数とかテレビの視聴率と同じように、ページビューこそが収益を上げる唯一の道だといわれていました。わかりやすくいえば、１ＰＶ○・何円、そういう考え方です。

ところが、ここにきて編集局にＰＶが大事だよと言い過ぎた弊害も出てきました。確かに当時はＰＶの多いサイトが広告もたくさん稼いでくれていたのですが、ＰＶを追いかけ過ぎた結果何が起きたかといいますと、例えば弊社の旗艦サイト、産経ニュースでいえば、ウェブ編集長が、自分の当番のときにＰＶを少しでも多く積み上げようと、小手先の原稿を重用するようになってしまう。

羊頭狗肉の見出しがついたりとか、下ネタに近いような記事があふれたり、中国や韓国に対する悪口がウケるとなるとそういう記事をどんどんつくり出す。あるいはグラビアアイドルの写真集みたいなやつを載せれば、ＰＶが上がるということで、サイトにあふれ出しました。

しかし、ＰＶではなく、滞在時間とか訪問時間、訪問者の数、そういうのを掛け合せていくと、一番じっくり読まれるのは、実は政治関連の記事だったりします。

社会的に反響の大きかった事件や政治の難しい話が、本当は本質的によく読まれているんですが、ただＰＶだけを見ていると、それほど重要ではない、興味本位の記事が上がってきてしまう。でも、そんなサイトにクライアントはお金を払いたいですか。払いたくないですよね。ＰＶがあるからたくさんの人が見ているということにはならない。だから我々も、ＰＶだけを重要視するのはやめましょうと二年ぐらい前から言い始めました。

ＰＶの指標、これをボリュームからクオリティーに、量から質に変えなきゃいけないということが、これから新聞社をデジタル化をしていく中で一つの大きなポイントになってきます。ところが、何年もかけてＰＶ、ＰＶと言ってきた弊害がなかなか払拭されません。

記事をつくるとき、記事をネットに上げるときは、目先のＰＶではなくて、クオリティーの高い記事。これは当然、ＰＶは減るわけですよね。ＰＶが減ったら、担当者は頭を抱えちゃうわけですよ。自分の当番のときにＰＶが減る。どうしても一般ウケしそうな記事を載せたくなる。だけど、そこは頑張りましょうと、クオリティーの高いニュースサイトをつくることが、ウェブ・パーフェクトにつながるんですということを今まさにやっています。

新しい指標としてつくり出したのが、総滞在時間と総ユーザー数。総滞在時間というのは非常にわかりやすい話で、その記事がどれぐらい長く読まれたか。大体、普通は何十秒とかいうものが多いんですが、ものによったら三分、四分、五分と、ずっとその一つの長い記事を読んでいただくことがあります。そうした記事こそクオリティーの高い記事ではないだろうかということです。ユーザー数というのは訪問客ですが、どれだけの人が見に来てくれているのか、そっちのボリュームのほうを大事にしましょうということで、いくつもの指標を掛け合せて、新しくつくり出しました。

その指標を毎日、ＰＶランキングみたいな形で編集局にお戻ししていたものをやめて、総滞在時間が高いものから順番にランキングをつけてお戻しする。一日大体六〇〇万とか七〇〇万ＰＶが産経ニュースにはありますが、当然ながら、しっかり読まれる記事がランキングの上に上がってくると少しずつですが、状況は変わりつつあります。

例えば、二〇一七年の総選挙では、産経新聞がマイクロソフトと離れてから最大のPVを稼ぎ出しました。これは、質の高いPVですね。そのときのランク表を見ると、やはり選挙関連のものが圧倒的に多くて、クオリティーの高い記事がたくさん読まれたということで、当然、そうなると、そこにつく広告の単価も上がってくる。そういうプラスの要因が出てくるわけです。

もう一つの課題として、無料広告モデルの限界があります。先ほど、産経新聞のiPhoneの話をしましたけれども、ああいう無料で見せる、そしてそのかわり広告で稼ぐのも、やはりちょっと頭打ちになってきています。デジタルメディアの世界は、非常に参入障壁の低いビジネスモデルです。つまり、誰でもできるわけです。ちょっと学生の才覚のある人が新しいメディアをつくろうと思ったら、一人でもできちゃう。当然、そこに広告もわっと行ったりすることがある。だから、新聞社でございますということが通用しない世界が、このデジタルの世界です。

そうすると、広告モデルだけではやっぱりどうしても限界がある。しっかりとした課金の仕組みをつくらないといけないというところが今、新聞社が抱えている課題の一つです。

課金ビジネスモデル、これは〝言うは易く行うは難し〟で、皆さんもなかなかニュースにお金を払うという感覚がありません。これはただ、毎年変わってきています。海外の事例をみていると、やはり五年前よりも現在の方が課金のほうに重きを置くようになってきていますし、ユーザーもいいものにはお金を出すという風に変わりつつあります。

我々も最初はそうでした。スマートフォンに自分のクレジットカードの番号を打ち込んだりするのが非常に不安だったりすることがあって、なかなか課金というのをやらなかったんですが、その辺の障壁が下がってきていることもあって、ニュースにはお金を払わないよという人たちも、どうしても読みたいものの、どうしても知りたいことについては、お金を払ってもいいんじゃないのということになってきていています。

そうはいってもなかなかニュースだけではお金をもらったりすることができないので、例えばうちの花形記者の記事。記事だけじゃなくて、講演はあまり有効じゃないかもしれませんが、少しサロンみたいなものをつくって、そこで皆さん方、大勢の方を相手にお話をして、「新聞には書けませんけどね、実は安倍首相は本音ではこんなことを考えているんですよ」みたいな話をするような場所を設けましょう、そういうリアルとデジタルの世界を掛け合せたようなモデルだと、じゃあ、ちょっと聞きに行ってみようかな、あの記者の話を聞けるんだったら行こうかなとか、この記事買った人、限定だったらちょっと買ってみようかなみたいなことが起きる。そういうところも我々は切り込んでいかなきゃいけないと思っているわけです。

新たな収益源の模索

「専門商社から総合商社へ」。一二年前、産経デジタルができたときは、産経新聞社という大きなコンテンツメーカーがつくってくれる商品を仕入れて転売する、いわゆる専門商社のような形でした。それが、一二年たってほぼその役目は終わりました。紙からデジタルへのリプレースが終わったというところで、産経デジタルも変わっていかなきゃいけない。専門商社ではなく、デジタルの総合商社として、産経新聞グループのコンテンツだけではなく、新たな収益モデルの可能性をこれから探っていきましょうということです。

ＩＧＮというのは、ご存知の方もおられるかもしれませんが、アメリカを中心とするゲームあるいはエンターテインメントの情報サイトです。世界で一番大きいといわれています。

世界中三七カ国に出していますが、アジア地区、東アジアのほうに橋頭堡がないということで、ちょうど二年前、たまたまですが、私どもにオファーがありました。要は、アライアンスしてＩＧＮジャパンを産経デジタルでやらないかというわけです。大手の出版社とか、いくつか長い間かけてやろうとしたんですが、うまくいかなかったところに、うちに話が来て二カ月後にはやることが決まりました。その年の春にはサイトをプレローンチをして、去年の秋に本格ローンチをしたのですが、これがおもしろいことになってきています。

ＩＧＮジャパンのチームは、非常に多士済々です。産経新聞の記者は一人もいないし、産経新聞のコンテンツも一本もない。そういう新しいビジネスモデルを、我々は今やっています。

去年から、どうもなかなか新しいサービスが出てこないなということで、社員向けに「やってみなはれ大賞」という賞をつくりました。何するのかといったら、新規事業を社員から募集して、大賞を選んでそれを実現しましょう、そういう試みです。うちは一四〇人ぐらいの会社ですが、去年のときは一八七件アイデアが寄せられて、大賞をとったのがeスポーツ事業でした。

eスポーツ事業って、昨日もニュースになっていましたが、なかなか何をするのかがよくわからない。eスポーツというのは、いわゆるゲームの世界ですが、これは間違いなくオリンピックの種目になってくると見越して、じゃあ今から取り組んでおくということで、二〇一七年九月に第一回目のeスポーツの大会をするところまできたわけです。

日本のeスポーツ界は業界団体が乱立していたんですが、それがようやく一つにまとまりました。日本で、何でeスポーツが伸びないかというと、賞金が海外だと総額一億円みたいな大会ができるんですが、日本では法律にひっかかってできないということがあったんです。ところが、団体を一つにまとめてeスポーツの選手を本当にプロとして認定することができると、法律にひっかからなくなって賞金が出せるらしく、今、一歩動き出しました。

アジア大会の正式競技になりましたし、一度火がついたらあっという間に、広がっていくんじゃないかなと思っています。いくつも課題はありますが、こういうのも我々のビジネスとしてやっていかなきゃいけないことの一つです。

もう一つ、産経新聞と関係のないコンテンツという意味では、サイクリストという自転車のサイトがあります。このサイト自体は業界でもトップクラスの認知度ですが、そもそもが非常にニッチな世界ですよね。自転車好きしか対象にしてないわけですから、ビジネスモデルがそれ以上広がってこなかったんです。サイトを運営していても、広告が入る、収益がこれぐらいだから、そこにかかわっているスタッフの人件費も払えない、このサイトをどうしようとずっと頭を悩ませていて、やっぱりリアルのイベントをやっていかないとダメなのかなということで、二〇一七年九月、伊豆大島町と協力し合って、御神火《ごじんか》という自転車のリアルイベントをやりました。

これが、台風と台風の合間を縫った見事な晴天で、大成功したんですね。予定していた参加者には少し足りませんでしたが。こういうビジネスモデルを一回成功させるとどういうことが起きるかというと、今、自転車による町おこしをしている自治体って結構全国にいっぱいあります。愛媛県は早くから、しまなみ海道でイベントをやっていますし、滋賀県の守山市も自転車のイベントをやっています。関東でも水戸、あるいは埼玉あたりがどんどん自転車を使って町おこしをしようとしています。

自社でイベントを行うだけでなく、ノウハウそのものを売る。つまりうちの会社でプロデュースをして、市にお渡しします、全部面倒みますということになってくると、収益モデルとしては桁が一つ二つ変わってくる、そういうビジネスになろうとしています。これは、サイトの伝播力というか力を使いながら、物すごいユーザー数を抱えているサイトがいくつもあるので、そういうところと連携をしながら、サイクリストそのものを発信することができる。

うちはＥＣ、ｅコマースもやっています。当然、アマゾンや楽天にかなうようなレベルではなく、ここもなかなか黒字にならないです。だけど、うちのＥＣへの送客たるや、これは恐らく日本でも屈指の集客力なのです。要するに、各サイトからどんどん人が来る。ところが、なぜこれももうからないかというと、ほとんど誰も買っていかない。だから、ビジネスとしてはまだまだ。つまり人は来るけども、素通りしていって、実際に手にとってもほしいものがない、そういう状況なので、今は大改革をして、このECビジネスも大きく成長させることを考えて、人を採用し、何とか来年、秋以降を目指して、大きなビジネスにしようと取り組んでいるところです。

今年も第二回やってみなはれ大賞をやりました。今年大賞をとったのは、新入社員の女子の発想。そして、特別賞をとったのも、これも新入社員の女子社員でした。これは別に、社長が意図的に若い女の子が好きだからとか、そういうことでは決してなくて、実際にビジネスになるかどうかを部長クラスと、もみにもんで、じゃあこれにチャレンジしてみようかということで決めた結果です。

大賞をとったのはあんまり細かく詳しいことは言えませんが、SNSとペットをひっかけたもので、こんなサービスは実はいっぱいあるんです。ところが、切り口が変わっていて、これはひょっとしたら、ペットビジネスというかペット産業界とうまくアライアンスが組めるんじゃないかなということで、今、市場調査をさせています。

特別賞をとったのは、新入社員のハッカソンをやりたいという提案でした。朝日新聞も毎日新聞も読売新聞もいわゆるハッカソンをやっているのに、産経新聞だけやってないのはおかしいじゃないかという、そういう素朴な発想です。ハッカソンは、ビジネスというか、それは新規事業ではないので特別賞という扱いにしましたが、今、じゃあうちがやるんだったら、各社と同じようなことをしても仕方がないので、高齢者ビジネスをテーマにしたハッカソンにしないかということで特別賞を出しました。

そうすると、高齢者ビジネスをテーマにして、来年中には募集をかけられると思います。新しいアイデアで、こういう高齢者サービスをやったらビジネスとしてうまくいくということで、応募をしていただいて採用されたら、事業資金の一部を出しますので、新しいサービスを一緒にやっていきましょうというわけです。

ホームページにも書いているんですが、人と情報、人と人をつないで豊かな社会をつくるというのが、産経デジタルの社是です。同時に、やはりトライ・アンド・エラーを積み重ねて、スピード感を持ってビジネスを大きくすることで産経新聞を側面から支える、それが我々のやってかなきゃいけないことだと思っています。

新聞社というビジネスモデル自体は、さっき言った三つの形で変質していかなきゃいけない。一つはダウンサイジング、そしてウェブ・パーフェクト、新規事業、そうやって支えながらも絶対になくなってはいけないビジネス、社会的な使命を帯びたものだと思っています。ですから、そこからスピンオフした我々のような会社が本社を支えていく。そういう会社をいっぱい衛星のように持って、言論機関としての新聞社を支えていくというビジネスモデルが、これからどこの社も目指していくところです。

当然、規模が小さくなるのは、これは覚悟しなきゃいけません。今一〇〇〇万部なんていうことを言っている新聞社は、世界中どこを探してもありません。だから、実際に読者のいるところにリーチしていく。そして、その読者を大事にして、日本にとってなくてはならない新聞社を支えるために、こういうデジタル化、デジタルビジネスというのがあるんだと思っていただけたらと思います。

質疑応答

市川　ありがとうございました。それでは、ご質問をお受けいたします。

質問者　ありがとうございました。私、定年になる前はＩＴ部門の責任者をやっていました。ある勉強会で、ある大手新聞社のＩＴの責任者の方とお話して、新聞のデジタル化にもう一つ、一歩踏み切れないんだということをおっしゃっていて。それは、一つは紙面の広告収入がものすごく大きい、あるいは社告であるとか、そういった広告収入。部数が減るとやっぱり広告収入は減りますので、それがあるのでなかなか踏み切れないと。

もう一つは、全国に宅配で生計を立ててらっしゃる方が何万、何千といる。その方の生計を維持しないといけないので、やはり宅配をなくすわけにいかないんだというジレンマをおっしゃっていました。実はこの話を聞いたのは六年も前の話なんですけども、これは今も同じようなことなのか、やはり産経新聞さんでも当てはまるのか、その辺ちょっと教えていただけたらと思います。

鳥居　ありがとうございます。まさに今、ご質問いただいたところが、我々が壁としてぶつかっている現状です。これは全然変わっていません。新聞社における広告収入は販売と両輪ですが、急激な右肩下がりをしています。これは、例えば某飲料メーカーがあるとして、今まで新聞社に全面広告を出していたのをやめて、あるいはテレビ局に広告を出すのをやめて、ウェブに移ってきているということです。

デジタルで展開したほうが刺さる、あるいはデジタル広告というのは、誰がいつ、どんな人が見ているかという、その属性までわかってしまうわけですよね。ですから、それを飲んでもらいたい人に向かってピンポイントで、広告を出すことができる。そういうところが今、評価されていて、どうしてもそこへ流れていくという傾向があります。

テレビ広告の売上も、恐らくもう来年中にはいわゆるＩＴ広告と逆転するといわれていますので、それぐらい激変している流れの中でいうと、新聞社もビジネスモデルを考えていかなきゃいけない。

後のほうの販売店の問題というのは、実はこれはシビアな問題です。ただ、やっぱり部数が少なくなってきて、どうしても廃業される人がふえてきます。生計が維持できないから、業態を変えたりしています。我々も、販売店をサポートするために、いろんなことを考えていますが。

某社は、あいている時間にピザを配ったらどうかとか、そういうことをしている社もありますし、私の社は、例えば電子新聞を売ってもらうと、ちゃんと毎月お金が落ちるような仕組みをつくりました。そうすると、まだ微々たるものですが、第三の収入として、例えば電子新聞をお買い求めいただいたらいくら落ちますという。契約者が、仮に沖縄に転勤になっても、デジタルなのでずっと一緒ですね。新聞の場合、転勤になったら、自分とこの収入がなくなってしまいますが、その人が沖縄へ行こうがアメリカへ行こうが全部、読んでいただいているあいだはお金が落ちる仕組みです。販売店からしたら、紙が減るからデジタルはだめという状況を変えていかざるを得ない状況です。

最初に申しましたような、団塊の世代がやっぱり新聞を支えてきてくれていたんですね。それにかわる世代を育ててこなかったバトンをちゃんと渡していけるような努力をしたのかといわれれば、恐らくしてないですね。ずっと団塊の世代に支えてもらっていることに甘えていて、気がついたら足元が大変なことになってきている。インターネットが出てくるまでは誰もそんなことを考えなかった。

産経新聞の場合は、もっと早くチェンジしなきゃいけないと私自身は思っていますし、弊社の幹部たちも同じように協議をしているので、できるだけ早く進めたいと思っています。

質問者　ありがとうございました。

市川　もうおひとかた、どうぞ。

質問者　どうもありがとうございました。いろいろお話を聞きながら考えたのですが、もう一方、テレビのほうもテレビ離れということで、マスコミの双璧ですが、危機感を持っておられると思います。例えばＮＨＫさんも、メディア、ウェブでニュースを動画で、放送と同じような感じで配信されている。新聞社さんも、先ほどお話がありましたデジタル情報会社という形で。テレビ局もそうなっていくだろうと思います。そうすると、境目がなくなってきて、例えばスマートフォンで見るということであれば、もう区別がつかなくなっていくかなと思います。

テレビ局については、放送法という形で公正な放送をしなさいよという形になっています。一方、新聞社さんの場合はいろいろ個性があって、それは一つのいいところでもあると思いますが、そこがごっちゃになってしまうなというのが一つあります。

そうしたときに、せっかくデジタルになれば、まとめサイトというのはどの分野でも人気があるんですが、例えばテレビで、今日の朝刊ですということで、全国紙を並べて順番に解説していく。そうすると、一面のいろんな記事が載っていて、伝え方もいろいろ違う。朝二時間ぐらいかけて全国紙五紙、六紙を読めれば一番理想なんでしょうけれど、そういう時間もない。せっかくデジタルになるのであれば、例えばもう一個上のところで、いわゆるまとめですね。各新聞社さんのまとめサイトというニーズが、解説つきで出てくるんじゃないかなと思いました。

鳥居　ありがとうございます。例えば一つの新聞社が、今言っていただいたような、産経新聞が朝日新聞の記事や読売新聞の記事をまとめて出すというのはなかなか難しい。

ただ、これからはまとめサイトのありようみたいなのが、少し変わってくるのかなと思っています。そもそも、デジタル上の情報は誰が何を使ってもいいんだよと、さっき申しましたように、かなり参入障壁の低い、規制の少ない業界だったんですが、いや、それではやっぱり、ちゃんとコンテンツを持っているところ、取材をしてお金をかけてコンテンツをつくっているメディアだったり、そういうフリーの方だったり、そういう人たちを守り切れないよねということになっている。

逡巡している間はないと思います。紙はこれ以上伸びないですよ。間違いなく、増えることはない。

減っていく一方だと思います。どのタイミングでどう、そういうふうにコンテンツに価値をもたらせるかということです。

まとめサイトみたいなのはすごく、確かに便利ですが、勝手にそのコンテンツを自由に使えなくなる方向に今行こうとしています。テレビ局も非常に難しいし、ＮＨＫも必死ですが、あんまり自由にネットでやられると……。イギリスの場合、ＢＢＣがそういう形でやっていますが、難しいところです。

市川　私自身がこの講座にいつも鳥居先生をお呼びしているのは、やはり先生のご講演の最後の部分にあったように、産経デジタルの社是が、「豊かな社会をつくる」というところにある、ここは非常に重要なのではないかと考えております。情報を集め、売るだけではなくて、新聞社、もしくは新聞社の子会社である産経デジタルが、豊かな社会をつくろうと、人と情報、人と人をつなごうという、こういう発想で仕事、ビジネスをされていると。こういう発想がある限り、ビジネスは続いていくだろうし、新聞社、そして産経デジタルの役割はなくならないのだろうなと思った次第です。

第10講

新聞社を目指す人へ

なぜ、新聞記者を目指したか

産経新聞で編集局長をしています井口と申します。新聞社には、新聞そのものの紙面を編集する編集局、新聞を売る販売局、広告を集めてビジネスとして成り立たせる営業局……、いろんな局があって企業体として成り立っています。その中で私は紙面を実際につくる編集局の責任者を務めております。責任者とは申しますけれども、実態は新聞記者のなれの果てのような存在で、現役の記者だったころは青春時代だったなあと、日々、懐かしく感じることがあります。

一九八二年から八六年までの四年間、今の皆さんと同じように大学で勉強しておりまして、一九八六年四月に産経新聞社に入社いたしました。大学時代は下宿住まいでした。当時、スマートフォンなんかありませんから、いろんな新聞をとって読んでおりました。

在学中、三年生の八月に、御巣鷹山、日航機一二三便の墜落事故が起きました。一九八五年八月一二日、お盆に、帰省客ら五二四人を乗せた日航機ジャンボ機が、夕方、羽田を離陸して伊丹に向かう途中、管制塔のレーダーから消えて行方がわからなくなりました。飛行ルートからまったく外れた群馬と長野の県境の御巣鷹山で残骸が見つかりました。

一読者であった私は、この事故の新聞の報じ方に大変びっくりしました。日航機が行方不明になった当日の新聞の見出しは、「五二〇人乗り日航ジャンボ墜落か」と、今まで見たこともないような大きさの見出しが一面をぶち抜いておりました。

ところが、翌日、残骸の中から生存者が見つかりました。川上慶子さんという、当時、中学生ぐらいの女性だったのですが、誰もが奇跡だと思いました。そのときの新聞の見出しは、第一報の「墜落か」よりもさらに大きな見出しで、「日航機に生存者」。食い入るように新聞を読みました。日本中の驚きと喜びがその紙面に反映されているように感じられました。

川上慶子さんが残骸の中から発見されて、自衛隊員に抱きかかえられて、ヘリコプターにつり上げられていく映像を、見たことありませんか。あの映像を、当時、大学生だった私は覚えていますが、彼女がきれいだなと感じたんです。それは、顔がきれいだとか、かわいいとか、そういう話ではないです。救助されていく彼女の姿に、一瞬、五〇〇人の死亡というものを忘れたんです。五〇〇人の死を一瞬忘れさせるような一人の生の力とでもいうべきでしょうか、そういう生命力を彼女の姿に感じて、直感的にきれいだなと感じた。今、振り返ってみるとそういうことだったのだと思います。それと同様に、五〇〇人の死を一瞬忘れさせるような一人の生の力の強さを、その新聞報道は、大学生であった自分に感じさせてくれました。

その事故の話を続けます。それから数日たってきますと、今度は、乗客が書いたメモが見つかり始めるんです。一二三便は完全に飛行ルートを外れて、まったく操縦がきかない状態で、高度を乱高下させながら何時間かダッチロールを続けるんです。乗客は、そのあいだ、絶望的な恐怖の時間を強いられるわけです。その中で、手帳、紙袋、座席の前にあるパンフレットなどに、メモを書き残していたんです。一二三便には時節柄、お盆の帰省客が多かったんですが、関西のご自宅に帰られる単身赴任のサラリーマンとか、東京の自宅でお盆休みを過ごして関西の勤め先に戻っていくサラリーマンが多く乗ってらっしゃいました。見つかったメモは、彼らが一二三便の恐怖の時間の中で書き残した家族宛ての遺書でした。記事を読んでいて本当に泣けてきました。今も覚えています。社会面で、このメモが見つかったことを報じる記事の見出しは、「企業戦士、最後は家族」でありました。

当時の記事を調べてまいりました。見つかった一二三便の乗客の遺書を読んでみます。

五二歳、芦屋にご自宅があるサラリーマンの方。一人の息子さんと二人の娘さんがいらっしゃいました。メモは、この三人のお子様の名前を挙げ、「どうか仲良く頑張ってママを助けてください。パパは本当に残念だ。きっと助かるまい。原因はわからない」「今、五分たった。もう飛行機には乗りたくない。どうか神様助けてください。昨日みんなと食事したのが最後とは」。「何か機内で爆発したような形で、煙が出て降下しだした。どこへ、どうなるのか。（長男の名前を挙げて）しっかり頼んだぞ。ママ、こんなことになるとは残念だ。さようなら。子どもたちのことをよろしく頼む。今、六時半だ。飛行機は回りながら急速に降下中だ。本当に今までは幸せな人生だったと感謝している」。

二九歳、埼玉県にお住まいだったサラリーマンの方。この方も子ども二人のお名前を挙げて、「突然、どかんといってマスクがおりた。どかんといって降下始める。しっかり生きろ。立派になれ」。

このときの新聞を読んだときの印象の強烈さ、新聞紙面の影響が、自分がこの道に入るきっかけになったのかなと思ったりしています。

新聞社に入社しますと地方支局に配属されるのが普通ですが、私の場合は横浜支局でした。横浜で三年ほどしごかれたんですが、当時の神奈川は事件が多くて、新人には本当に厳しい現場でした。これは失敗したかなと、やめることを考えなかったといったらうそになります。そのぐらい厳しかった。その後、東京本社の社会部に移り、ほぼ二〇年近く記者をやってまいりました。その中でも、私の場合は、警視庁、裁判所、公正取引委員会など、事件官庁の担当が長く、基本的に社会部記者、俗にいう事件記者として仕事をしてまいりました。

今回は「新聞社を目指す学生へ」という漠然としたテーマでありますが、もしこの中で、新聞社を目指していらっしゃる方がいるのであれば、事件記者としてやってきた私の目線で、どんなことが大事かと感じていることを、限られた時間ではありますが、可能な限り、お話させていただきたいと思います。

また、新聞社を目指されている方だけではなくて、そうではない道に進もうと考えてらっしゃる人も当然ながらいると思いますが、そういう方にとっても、人間が年月を重ねていく中で、仕事と向き合う、仕事をしていくことについて、何らかのヒントになればいいなと思っておりますので、どうぞよろしくお願いいたします。

激動の二〇一七年　これからの世界は

二〇一七年も残すところあと一週間ですが、大変に激動の年だった印象があります。日本にとって、今、最大の懸念事項は、やはり北朝鮮の問題だと思います。アメリカによる軍事行動があるのかどうか、何度も弾道ミサイルを飛ばして核実験を行い、挑発行為を繰り返す北朝鮮は、一一月二九日、ついにワシントンまで物理的に届くＩＣＢＭを、ロフテッド軌道にて日本海のＥＥＺ、排他的経済水域に発射しました。首都ワシントンＤＣにまで届くＩＣＢＭを北朝鮮が開発したことについて、アメリカのトランプ政権は、自国の安全を脅かす脅威であると明確に認識しています。

日米両政府は、中国が北朝鮮向けの原油パイプラインを遮断するなどして核放棄させるのが最善とみてはいるのですが、これは中国の思惑があって、なかなか期待できそうにない。そこで、日米が戦略としてとっているのは、最大限の圧力を加えることです。極限まで緊張を高めれば北朝鮮は対話に出てくるという見立てで、アメリカ、トランプ政権は、戦争寸前まで北朝鮮を追い込む方針のようです。関係筋の見立てでは、この年末年始から来年夏にかけて、極東地域への米軍増派とか外国人保護で、緊迫した事態が起こり得ると予測されています。

安倍首相が、二〇一七年一〇月に、急遽、総選挙を実施したのは、こうした有事へ向けた動きが緊迫化するのを見通して、あらかじめ盤石な国内体制をとっておきたいという考え方からだったようです。

日米の最大限の圧力に対して、北朝鮮がもし譲歩しなかったらどうなるか。そうなれば、アメリカは軍事行動に出る可能性がきわめて高いと思われます。巡航ミサイルによる限定空爆や、金正恩の殺害計画、いわゆる斬首計画、大規模戦闘まで、アメリカが取り得るシナリオには幅広いオプションが考えられます。また、最大限の圧力を加える過程で、米朝が偶発的に衝突して戦争状態に突入するリスクも考えられます。そういう世界情勢の中で、我々日本人は年を越していくわけです。

直線距離にして東京から平壌までは一三〇〇キロメートルしかありません。わずか一三〇〇キロメートルしか離れていない北朝鮮で戦争が起きるかもしれない。そういう情勢の中で、日本では天皇陛下が譲位され、元号が変わろうとしています。二〇一八年になれば、東京オリンピックまであと二年となってきます。もし、米朝の武力衝突が起きた場合、東京五輪は一体どうなるのだろうと思うわけです。

そうした中で、西日本、関西に目を転じてみますと、二〇二五年の万博の誘致が二〇一八年一一月に決定します。そこに向けた動きが、来年はさらに加速していくでしょう。この大阪万博ですが、計画では、会期中、来場者は三〇〇〇万人以上、経済波及効果は実に六兆四〇〇〇億円を見込むビッグイベントであります。

誘致に向けての問題の一つは、二〇〇〇億円を超すとされる開催費用の捻出です。先ごろ、国と自治体と財界が応分の負担をすることで合意されましたが、今度は、その財界から、関西をはじめとした個々の企業にどう負担を要請するのか、企業はそれに応じるのかが最大の焦点になってきます。

この大阪万博の肝は、単なる万国博覧会ではなくて、ＩＲ、統合型リゾート、すなわち、カジノを含む複合観光集客施設とのセットで考えられているという点です。ＩＲは、国会で、推進法、すなわち大前提の総括法が成立しておりますけれども、これからは、より具体的な実施法の制定が国会で論議されていくことになります。万博会場となる大阪の夢洲《ゆめしま》は、すなわち万博とＩＲの二兎を追うことになります。万博にＩＲが加わることで、雇用の創出を含む経済効果は、さらに何倍にもという皮算用が語られているわけですが、我々メディアとしては、冷静に、成功に向けた検証や疑問点の提示という作業を進めていくつもりでおります。

この大阪万博がどうなるかについても、実はアメリカのトランプ政権のありようが、その誘致の可否に向けた変動要因の一つになってきます。というのは、世界の経済情勢がどうなるかです。今はドル高円安の流れになっています。しかし、アメリカが対北朝鮮で軍事行動に出た場合、世界のマーケットがどういう反応を示すかは読み切れません。あるいは、トランプがパンドラの箱をあけたといわれていますが、エルサレムをイスラエルの首都に認定したあの行動を巡る中東諸国の反発と混乱によって、投資マネーがアメリカから逃げていくかもしれない。そうなりますと、たちどころに株安円高傾向が強まりまして、日本の経済は痛めつけられかねません。関西の財界にとっては大阪万博どころではなくなってきます。東京、官邸にとっても、大阪万博の誘致は、優先順位が下がっていくことも考えられます。このように、関西に住む私たちにとっても、世界のきな臭い安全保障上の問題、トランプ政権の動向は非常に大きな変動要因になっています。二〇一八年も、世界中がトランプに振り回されるだろうと思われます。

私たちが生きている今の世の中、二〇一七年末の地球の状況は、世界から日本、兵庫、大阪、関西に至るまで、ざっとこのような状況で推移しています。いかがでしょうか。何を感じますか。先行きがまったくわからないですね。日本の安全がどうなるかが、日本人としては当然ながら最も知りたい情報です。新聞は、ここのところの情報、トランプ政権をはじめ主要各国の考えていることを一刻も早く入手して報じる、この取材力が新聞の生命線として重要だと考えています。情報入手力という意味で、やっぱり新聞記者は強くなければならない。アメリカが、中国が、ロシアが何を考えていて、対日関係をどうしようとしているのかという重要情報を新聞記者はとらなければいけないのです。先が読めない時代だからこそ、情報が求められる。しかも正確な情報が求められる。それに応えるのが新聞というメディアであると考えています。

強い新聞記者になるには

では、そういう強い記者になるためどうすればいいのか、何を心がける必要があるのか、ここからが本題です。

大きく二つのお話をいたします。一つは、私自身の体験を踏まえながら、新聞記者の日常と、報道の自由、国民の知る権利とはどういうことかということ。もう一つは、「記者に必要なもの」であります。

申しましたとおり、新聞社に入社しますと、新人記者たちは地方の支局に配属されます。ここ西宮、兵庫県も、そういう支局の一つです。新人記者がまずやらされる仕事は、サツ回り、警察担当です。まずは事件事故の取材をみっちり仕込まれます。なぜ事件取材が記者の教育システムになっているかと言いますと、事件現場は状況が非常に混沌としていて、近づけば近づくほど何がどうなっているのかわからないことが往々にしてあります。そういう混沌とした状況を取材によって整理して、事実関係として、何が確定していて、何が確定していないのかを仕分けて、わかっている範囲の事実関係で原稿をつくっていく。それをなるべく短時間でできるようにする。これは、あらゆる分野、政治でも、経済でも、あるいはスポーツでも、すべての分野の記者活動に共通する原型です。まさに新聞記者の活動の原点を、入社したての新人は、警察回りを通じて、何年間か、みっちり仕込まれることになります。

新人のあいだは、とにかく毎日毎日、交通事故、火事の現場の連続です。わけのわからない現場で、警察官や消防隊に取材して、目撃者から話を聞き、そのあげく、ようやく書ける原稿は、大抵の場合、ほんの一〇行か二〇行の小さな記事です。

私の新人当時は、夜中、寝ていても、ポケットベルで呼び出されました。火が消えないうちに、写真を撮れるうちに現場に着けと先輩から厳命されるんですが、新人時代は一晩で三件の火災現場に行って、背広をだめにしたこともあります。カーナビがありませんので、地図を片手に、火事現場に行くべく、焦って車を運転していたあのころのことを、今も夢に見ることがあります。火事は、特に夜の闇の中で燃え盛る炎は、人間を興奮させるんです。私も興奮してしまって消火活動を手伝ってしまって、はっと気づいたときには取材が間に合わなくなって、デスクに大目玉をくらったこともありました。

教育訓練という観点でいえば、もう一つ、こういうこともありました。一晩中、ずっと警察署にいるよう命じられるんです。交番じゃなく警察署です。来庁者が座るソファーに座って、警察署の中を、一晩中、ずっと見ていろといわれるんです。警察署は、昼と夜では劇的にその表情を変えます。昼間は整然とした役所のような表情ですが、夜になりますといろんな人が集まってきます。あるいは連れられてきます。頭を真っ赤に染めた中学生ぐらいの女の子ですとか、泣き叫ぶお母さんですとか、怒鳴りまくるお父さんですとか、捕まったひったくりや泥棒、泥酔してタクシーの運転手とけんかになって連行されてきた背広姿の若いサラリーマン、あるいは、年齢不詳、職業不詳の酔っ払いが、とにかく泥酔して警察署の中に入り込んできては、制服のおまわりさんたちに絡んでからかう。お巡りさんたちは、それに怒ることなく、苦労しながら淡々と対応していました。当時は、街娼といいまして、立ちんぼの売春婦もよく警察署に連れてこられていて、数カ月前までは学生だった私には、やっぱり衝撃的な光景でありました。

夜の警察署に一晩おりますと、いやが応でも、この世の裏側とか、汚い部分とか、人間のどうしようもない面みたいなものが見えてくるんです。これは、いい、悪いではなくて現実です。頭でっかちの新人に少しでも世の中の現実を見させようという親心だったと、今は思います。当時は、警察署に一晩中座っとれという指示の意味がまったくわからなかったんですが、今になって思い起こすと、これはこれでやっぱり教育だったと思います。

こうやってサツ回りをしておりますと、いつの間にか顔見知りになる犯罪者が出てきたりしました。私の場合は、ある常習累犯窃盗犯、すなわち職業的泥棒でありました。当時、彼は四〇歳代半ばだったと思いますが、こっちは二二、三歳。年齢を超えてウマが合ったといいますか、時々、酒を飲む仲になりました。もう死んじゃいましたけども。別れた奥さんとのあいだに小さな娘さんがいたんですが、結局、彼は堅気には戻れなかった。そんな出会いもあったりしました。

警察署の署長、副署長、刑事課長たちが特ダネ情報を教えてくれることはなかなかありませんが、サツ回りを続けていくうちに、毎日顔を合わせていくうちに、向こうはこちらの父親ぐらいの年齢ですから、やっぱりかわいがってくれるようになります。何をどういきがったとしても、息子のような年齢の記者が父親の年齢くらいの警察官にかなうはずがないのです。支局にいるあいだ、自分の記者としての教師は、他社の記者であり、警察官でした。特に、仕事との向き合い方、プロ意識とはどういうものか、よくないことがあったときの出処進退とか、年の離れた警察官からはそういうことを随分教えられたように思います。私は、今、五〇歳半ばになりましたが、彼らと濃密につき合った何年間という時間が、今の自分のありようにとても影響しているとも感じています。

先ほど申し上げたような泥棒とか詐欺師とのつき合いからも、やっぱり自分は大人にさせられた気がしています。犯罪をなりわいとする人生から抜け出したいとは思っても、それができない悲哀みたいなものに接したことは、人間とは、そんな竹を割ったようにモラルで完全に割り切れるような生き物ではないということ、人間の複雑なありようを知るうえで、自分を大人にしてくれたと思ったりするわけです。

こうやって地方支局生活を過ごした若手記者は、その支局を離れることで、ようやくこうした生活から解放されると期待をしますが、本社の社会部に上がって、運悪く事件持ち場、例えば、東京であれば警視庁とか、大阪であれば大阪府警とかを担当させられると、解放されるどころか、より激しい生活に突入してしまいます。本社の社会部の事件持ち場は、もはや教育の場ではありません。熾烈な競争の場です。新聞各紙、テレビ各局の記者たちがしのぎを削る、最も激しい競争の場であります。

聞いた話ですが、その昔、グリコ・森永事件がまだ動いていたころ、怪人二一面相の動きを他社に抜かれると、その新聞の部数は落ちるとまでいわれておりました。そのぐらい読者と新聞の距離が近く、事件の抜き抜かれに対して読者が敏感であったという話です。事件は読者にとって大変わかりやすくて、ショッキングで、視聴率が大変高い。大事件の特ダネ、「何々事件で容疑者浮上きょう逮捕」という横凸版の大見出しを、どんと一面トップでつけられるのはやはり事件だからこそです。

そういう特ダネをとるために記者はどういう取材をするのか。もう一言で、夜討ち朝駆けに尽きます。捜査の情報は、基本的に大部分を刑事が握っています。その刑事から捜査情報をとることが絶対に必要になってきます。ただ、昼間、捜査にあたっている刑事に、我々が直接接触することはなかなかできませんので、捜査を終えて帰宅するところを家の前で待っていて、そこでつかまえる。朝、出勤する前に家に行って、出てくるところに接触して取材する、こういう毎日を送るんです。

無論、接触しても刑事が話をしてくれるなんてことはほとんどありません。我々が記事を書くためには、捜査がどこまで進んでいるのか、容疑者は浮上しているのか、もう逮捕状がとれる状況にあるのか、であればいつ逮捕するのか、今日か、明日か、明後日かという捜査情報を得ることが必須です。しかし、刑事にとっては、そういう情報を漏らすことは自殺行為に等しいわけです。捜査上知り得た情報を漏らしてはならないという守秘義務が彼らにはありますから、これは地方公務員法で規定されているんですが、これを破ることになりかねません。何より、捜査情報が新聞に書かれることで、その新聞を見て犯人が逃げたり、証拠隠滅を招きかねないというリスクがあります。それでも我々は情報をとってこなければいけない。どんなに警察内部で箝口令が敷かれようとも、そこをかいくぐって機密情報をとってくる力をつけなければいけない。そのためには人脈がすべてです。先ほど、捜査情報を漏らすことは地方公務員法違反に問われると申しましたが、「そんな法律知らん」と、自分だけに言ってくれるお友達を、警察組織の中に何人つくれるかが勝負です。

では、そういう友達をどうやったらつくることができるか。それは、この場では言えません。ただ、贈収賄みたいなことをして便宜を図ってもらうとかは絶対にありません。刑事さんたちは、基本、賄賂に転ぶような人種ではありません。ベースになるのは、一個の人間対人間、信頼関係、こいつが好きだからという感情が基本になります。刑事さんたちも、何だかんだいいながら、自分たちの仕事が、世間から、社会からどう評価されているかを大変気にするところがあります。当然です。捜査が間違っていないかを外部の人間に相談したくなるときがあるんです。そういうとき、一番近くにいるのは担当の記者たち。だからといって、どの記者にも相談できるものではない。やっぱり、事件のことをよく理解していて、刑事たち、自分たちのメンタリティーとか、組織内の事情、人間関係とかをわかってくれる人。悪い言葉でいえば、身内の論理に理解を示してくれるけれども、ちゃんと客観的な評価をしてくれる、中立性を持った記者。そういう記者には、情報が集まってくる傾向があります。

ただ、そうなれるまでには気の遠くなるような根気が必要です。例えば、東京の警視庁の担当記者の担当期間は、大体三年間が一般的です。一年間、ほぼ休みなしで夜回りを続けます。一年目は種まき、二年目は水をいっぱいやって、三年目にようやく収穫というぐらい、なかなかすぐにそういう人間関係ができたりすることはなく、根気の要る作業です。ただ、まじめにやっている限り、必ず心の通じる取材相手はできてきます。

しかし、ここからが大変になります。「知ること」と「書くこと」はレベルが違うということです。情報源をつくれば、ある程度情報は入ってきます。しかし、その情報を書こうと思ったら、相当なハレーションが起きます。自分が新聞に書くことによって、犯人はその紙面を見て逃げてしまうかもしれない。最悪の場合は、自殺してしまうかもしれない。情報を提供してくれたお友達も書くなという。情報源がそれによって潰れてしまうこともある。でも、新聞記者は、自分が好奇心を満たすために存在しているわけではありません。読者の知る権利のため、得た情報を書くという、そのアウトプットをして初めて仕事を遂行したことになります。でも、情報源や当局は「書くな」という。書いたら事件が潰れるともいう。どうしたものか。

特ダネと遅配　ギリギリの判断

ここでだいぶ昔の話をします。一九七四年から一九七五年にかけて、東京の丸の内の三菱重工ビルなど一一カ所を爆破して多くの犠牲者を出した、連続企業爆破という事件がありました。今の感覚ですとなかなかわかりにくいかもしれませんが、当時は極左過激派のテロが頻発した時代でした。その中でも、被害者の数、結果の重大性、群を抜いて悪質な重大テロ事件でした。我々の先輩にあたる、産経新聞の当時の警視庁記者たち取材班は、取材によって警視庁が追う犯人グループと、一斉逮捕の予定日まで割り出したんです。これはすごいことです。当然、彼らは「きょう逮捕」と書こうとします。超一級のスクープです。

警視庁が一斉逮捕に踏み切る予定の前日の夜、取材班のキャップだった福井惇さん、その後、この方は帝京大学の教授を務められた大先輩ですが、この福井さんは、当時の警視総監だった土田國保さんに対して、夜討ち取材をします。目的は、明日の逮捕が間違いないかどうかを確認するため。そして、書くことによって不測の事態が起きないように対応を促す、明日の朝刊に載せますからと通告して対処を促すためです。

土田さんはその通告を聞いて表情を豹変させたそうです。実は、土田さん、この四年前に、過激派から爆弾入りの小包を自宅に送られて、奥様を亡くされていらっしゃいました。テロへの憎しみは非常に深いものがあります。福井さんの通告に対してその土田さんは、「相手はテロだ、爆弾が手元にあるとの情報もある。自爆して一般人や捜査官を巻き添えにする危険がある。何としても輪転機をとめてほしい」と、鬼のような形相で迫ったそうです。

福井さんは揺れます。後にこう書いています。「確かに、産経が書いたために爆破が起きる可能性はある。だが、このニュースを見逃すことは新聞の自殺行為だ。社長や編集局長に人命を理由に待ったをかけられれば、新聞は屈服せざるを得ないだろう。二人ともヨーロッパに出張中ですとうそをついた」。さらに、こうも書き残しています。「この日、私は二つのうそをついた。原稿を出稿したと過去形にしたこと、出張中であるということ、だ。良心がうずいた。自分の力では輪転機をとめることができない旨を一方的に伝えて、社に車を飛ばした」。このとき編集局長だった青木彰さんは、犯人たちが住む地域への新聞を遅く配ることを決断し、実行しました。捕まる前に、犯人に新聞を読ませないためです。報道の使命の遂行と、不測の事態の回避を両立させるための、ぎりぎりの妥協でした。私が知る限り、新聞を毎朝きちんと配ってなんぼの新聞業界において、配達を送らせたことは、ほかに一度もありません。

この結果、スクープは実現して、犯人グループは無事に逮捕されました。ところが、後日、土田総監に対する批判が警視庁の中で非常に激しくなります。いわく、「総監は、産経新聞に、明日の逮捕はないと、うそをつくべきだった」と。これを伝え聞いた福井さんは、「確かに総監から完全否定されれば報道できなかったと思う」と語っていて、こう書き残しています。「私の二つのうそを見抜きながら、土田総監は、情報操作、情報統制をしなかった。戦争を体験したこの人には、言論の大切さを、官僚でありながら新聞人以上に自覚されていたように思う」。

編集局長であった青木さんも、後にこう書いています。「あの夜、土田総監は、社長にも私にも一切連絡してこなかった。もし電話があったらどう答えようか、考えなかったといえばうそになる。スクープ合戦では完勝したが、土田総監には完敗したという思いがいまだに強く残っている」。

報道の自由と申しますが、これは土田さんのような無言の理解に支えられてきた部分がとても大きいと思います。書くなという圧力は、当然、強いものがあります。しかし、肝心なときに書かなかったら、やはり新聞は長い目で見て信頼を失い、間違いなく死んでいきます。それをわかっていただける無数の方々のご理解があるからこそ、報道は成り立っているのではないかと思います。確かに、それぞれの立場がありますから、これを書かれたら困るというのは当然あります。けれども、その一方で、新聞に特ダネ、スクープが出るのは、ある意味、民主主義の担保であると思うのです。情報の風通しのよさは、ある意味、人間社会の風通しのよさとイコールだと思います。今までお話ししてきた現象は、中国や北朝鮮では絶対にあり得ません。日本が日本であるためにも、事件取材はとても大切だと思う次第です。

記者活動の原点　現場取材

ここからは二つ目の、「記者として必要なもの」のお話になります。

申しましたとおり、新聞社の中には、政治・経済・運動・文化と、さまざまな部がありますが、地方支局から大阪や東京などの本社に上がってきて、まずは社会部というセクションを経由していくことが多いです。先ほど申し上げたとおり、社会部は、あらゆる記者活動の原点のような性格があるからです。

記者活動の原点とは何かというところを、ちょっと表現を変えて言いますと、こういう言い方もできます。「人の死を日常的に取材対象にしている」ということであります。殺人事件による非業の死、鉄道事故や自然災害による不慮の死、少なくとも、我々がふだん普通に生活している分にはあまり遭遇しないであろう出来事が、社会部記者の取材対象になります。日常的に死を取り扱いますので、社会部記者は、自然、死というもの、そして、死によってより鮮明になる生というものに敏感になっていきます。

象徴的なのは、事件・事故の取材です。新聞というメディアは、いうまでもなく、読者に新しい情報を伝える機能が第一義でありますが、その情報の中には、世間の人々が何に喜び、あるいは何に悲しんだり苦しんだりしているかというものがあります。世間の人々の喜怒哀楽が最も如実に反映される紙面が社会面であり、最も強烈な、あるいは最も極端な形でそれがあらわれるのが事件・事故であります。だからこそ、事件・事故のニュースバリューが大きいということになります。

事件・事故は、突発的なもののようにみえますが、背景には、それが起きた理由とか、社会を取り巻く流れのようなものが必ずあるものです。不幸な形で人生を奪われた被害者、ご遺族は、そうではない人とは比較にならない敏感さで、理不尽の所在を感じ取っている場合が多いものです。彼らが感じ取る理不尽というものは、往々にして、その事件・事故の本質を語るための背景と重なり合う場合が見受けられます。それらをすくい上げて世に問うのは、まさに新聞記者の仕事であり、そこに被害者やご遺族から取材する社会的な意味があります。

ただ、最も厳しい取材現場は、事件・事故の被害者、ご遺族の取材だと私は感じています。実際、理不尽に苦しまれる遺族と接するのは非常につらいです。しかし、記者を成長させます。深い悲しみの底にある人間の姿や苦悩を正しくとらえて理解しようとすることで、記者は、人間の存在の弱さや、逆に強さを学んだりして、自分自身も深みを増していくものです。

ただ、難しいのは、被害者やご遺族の取材は、そのプライバシーと激しく対立する場合があるということとです。さまざまなメディアが一斉にご遺族に取材しようと殺到する集団的過熱取材、いわゆるメディアスクラムの問題も引き起こしかねない。非常にセンシティブな取材の現場です。

一例を挙げてみます。一二年前の二〇〇五年四月に起きた、兵庫県尼崎市のＪＲ福知山線の脱線事故は、皆さんもよくご存知だと思います。犠牲者が一〇六人いらっしゃったんですが、産経新聞は七六人の写真と取材情報を集めて、このうち七三人について掲載をしました。我々は、このとき、犠牲者の方の写真を載せることと、その方の人生を書くことに大変強いこだわりを持っていました。なぜ、被害者の取材や、写真にこだわるのか。

事故を起こした電車は、都会を走る日常の足でした。飛行機が怖いのであれば、大抵のところは、時間をかければ飛行機を避けて電車で目的地に行くことができます。しかし、都会で、通勤や通学に使う電車を嫌だといって避けるわけにはいきません。誰もが乗らなければ生活ができない、身近な電車の、身近な足の事故というところに、この事故の最大のニュース性があります。その事故を起こした車両の中には、さまざまな人生が凝縮されていたはずです。それぞれの人生が、日常が、事故によって突然断ち切られてしまった。新聞ができることというのは、この生と死の重みを伝えること。そのことこそが、この事故の実像を伝えることではないかと考えたわけです。

生と死を見つめて

では、新聞が生と死の重みを伝えるために何ができるでしょうか。地道に被害者の人生を聞き出して、書き続ける以外にないのです。ひとくちに犠牲者一〇六人とはいいますが、犠牲者一人ひとりには名前があり、顔があり、家族があり、それぞれの人生があったんです。犠牲者一人ひとりの命を、名前と顔を、一〇六人という一つの数字に埋没させてはならないと考えます。それぞれの人が、どんな夢を追っていて、どんな人生を送っていたのか。そして、その人を愛したご家族、あるいは彼氏や彼女の思いを克明に報じることこそが、命の重みというものを伝え、この事故で一体どれほどの犠牲が払われたのかを社会に伝えることだと信じております。、だからこそ、我々はそれぞれの人の写真にこだわり、取材にこだわるわけです。

ただ、被害に遭遇された直後の被害者の方、ご遺族は、精神的に不安定になっている場合が多いわけで、そこに無神経に写真をくださいとか、話を聞かせてくださいといわれれば、感情的に取り乱すことは十分あり得ることです。記者としては、真剣に、真摯に接触するしか方法はありません。私自身、被害者・ご遺族取材には暗たんたる思い出があります。しかし、学んだことも多かったです。

遺族や被害者の声は、社会の共感を呼び起こして、法律をつくって、制度を改め、世の中を変える力を持っています。犯罪被害者等基本法のケースがまさにそうでした。その大きな原動力になったのは、高橋シズヱさんというご遺族の女性、地下鉄サリン事件で、当時、営団地下鉄の霞ヶ関駅の助役だったご主人を亡くしたご遺族の高橋シズヱさんも、当初は取材を拒否されていましたけれども、時間の経過とともに、落ちついた気持ちで受けられた取材によって書かれた記事が、彼女のメディア不信を取り除いて、逆に、メディアの有用性を認識するきっかけとなって、被害者の権利を確立する活動を後押しする結果となったそうです。ジャーナリズムとして真摯な態度でアプローチを続ける限り、被害者ご遺族と新聞の関係は、決して対立ではなく、社会を動かし得る公共性の高い問題提起を生み出すことが可能になると、我々は信じています。

新聞記者と申しますと、聞こえは非常に猛々しいというか、荒々しいイメージがあるかもしれませんが、いわゆる事件記者という表現が指すコアの心意気みたいなものは、メディアの形がどうなっていくにせよ、これからも決して消えてはいけないものだと思っています。

日々の取材の中で事件記者は、わが子を無残に殺されて、発狂せんばかりに身をよじらせて泣いているお母さんの姿というものを見ています。最愛のお母さんが殺されているそのご遺体に、「お母さん、勉強するから、いい子になるから目をあけて」と、狂ったようにすがりついて泣いている子どもの姿というものを見るのです。そのお母さんの涙をぬぐってやれるのは、子どもの悲しみを鎮めてあげられるのは、犯人が逮捕されることしかないんです。被害者の涙や憤りや悔しさ、恨みを果たしてくれるのは、やっぱり警察しかないと思うのです。

私は日本の警察の実力を基本的に評価しています。すばらしい刑事さんがいらっしゃることも知っています。けれどもその一方で、年の瀬押し迫った一二月三〇日の晦日の夜、団らんを楽しんでいたであろう東京・世田谷の家族四人がむごたらしく殺害された事件の犯人が、一七年もの長きにわたって挙がっていないことを、決して私は忘れません。

夜が明ける前の京都の住宅街で、出勤してきた初老の企業のトップが、突然、待ち伏せしていた犯人に射殺された事件。この日本でこんな暴力がまかり通ると証明してしまった大変残念な事件の犯人を、警察がいまだ割り出せていない、捕まえることができていないことを私は忘れていません。

阪神・淡路大震災が起きた一九九五年、東京都八王子市の夏祭りの日に、友達と一緒に遊びに行きたかったであろう気持ちを我慢して、スーパーでアルバイトをしていた女子高生二人、彼女らを含む女性三人が、職場で縛られて、額に銃を突きつけられて射殺された許しがたい事件の犯人が、いまだに挙がっていないことも、私は決して忘れていません。被害者の女子高生二人は、今の皆さんよりも年下でした。そのときの彼女たちは、手を後ろに縛られ、正座させられ、額に銃口を突きつけられて撃たれました。その恐怖、絶望を思うと、胸が締めつけられます。彼女たちに何も罪はありません。たまたまその場に居合わせてしまっただけのことでしょう。こんなことをした犯人が逃げ続け、いまだに捕まらずのうのうと生きていることを、このことに怒りを忘れてはいけないと思います。もし、私がこの女子高生の父親であり、犯人と向き合うことがあったら、私は自分が犯罪者になるのも構わず、この犯人に仕返しをしようとするでしょう。これから何十年も続いたであろう人生を、わけもなく突然断ち切られた被害者の悔しさを想像できますでしょうか。残されたご遺族の涙が乾くことも、悲しみが消えることも、永遠にないと思います。事件記者は、そういう被害者の無念やご遺族の悲しみを背負って仕事をしているのではないか、と思ったりします。

地方支局から本社の社会部に上がって事件を担当しているあいだは、なかなかまとまった休みもとりにくく、事件の現場を駆け回って、夜・朝と刑事さんの家を訪ねて、捜査の進捗を取材して回る日々が続きます。とても合理的とか効率的とは決して言えないアナログな手法でしか、新聞をつくるための情報は得られません。しかし、体をすり減らすような思いをして、刑事さんの家を回るのも、悲しみに暮れるご遺族のもとを訪ねていくのも、新聞記者が絶対に忘れてはいけない、失ってはいけない正義感があるからです。そして、そのご遺族の悔しさを晴らさなくてはならないはずの警察の捜査が生ぬるいとき、それを厳しく糾弾するのは新聞記者、中でも事件記者にしかできない仕事です。

「トランプ政権の情報をとれる強い記者になるには」という冒頭の話が、なんで事件記者の話になっているのか、と思われる向きもあるかもしれません。特派員にはそんなもの関係ないだろうと思う向きもあるかもしれません。しかし、それは違うんです。特派員として仕事をするのに、語学力はあったほうが有利ですが、言葉がしゃべれるだけでは絶対にトランプに食い込むことはできません。取材力は語学力とは違います。言ってみれば、己の全人格をかけた人間力とでもいうのでしょうか、そうした気迫が人間関係をつくり、情報を引き寄せるのです。言葉はペラペラだけども取材力はない記者よりも、言葉はからっきしだめだけども、とにかくその場の状況を何とか改善して取材する能力のある記者のほうが、間違いなく特派員として優秀です。その力をつくる現場が社会部の事件取材なのです。新聞記者を語るときに、社会部の事件取材を絶対に避けて通れないのは、ここに理由があります。

つらいことですが、事件の現場に行き、被害者の悲しみを共有すべく努力して、理不尽なものへの怒りに身を震わせた経験の積み重ねこそが、新聞記者を成長させて、ワシントンであろうと、北京であろうと、どこへ行っても取材源をつくる力をつけてくれるのです。

もし、皆さんのなかに新聞記者になりたいと思っている人がいたら、高い給料は保証できませんが、やりがいのある仕事だということは保証できます。この仕事は、決して頭さえよければ務まる種類のものではありません。人の気持ちがわからない天才君には、もしかしたら向いてないかもしれない。でも、多少勉強はできなくても、好奇心が強く、少しおっちょこちょいぐらいで、感動しやすく、ちょっと涙もろい人には向いています。要は、普通の感覚を持っているかどうかが何よりも大事なことであります。

ご案内のとおり、今はネットの影響力が非常に強まって、新聞といった既存メディアの形が変革期に差しかかっています。もしかしたら、ペーパーにプリントされた新聞の形が変わっていくことも、近い将来、あるかもしれません。けれども、それは、表現される媒体の形が変わるだけであって、重要なのは、そこに何が掲載されているか、何を掲載しようとしているかであります。大事なのは、当たり前の正義感、素朴な正義感を持ち続ける新聞記者の心が変わらないことだと思います。日本が、健全な国、健全な社会である限り、記者の正義感や良心がきちんとしている限り、さまざまな利害のぶつかり合いはあったとしても、連続企業爆破事件の逮捕報道に象徴されるようなトータルな部分で、新聞報道に対する信頼とかリスペクトは保たれると思っています。逆に、記者の側にモラルハザードが起きて堕落してしまえば、新聞の対するリスペクトや信頼は失われる。こちらのほうが、媒体の形が変わっていくよりも、よほど怖いことだと思っています。

世の中がどうであろうと、会社がどうであろうと、上司がどうであろうと、媒体の形がどうなっていこうと、世代を超えて「心」を持った新聞記者が生まれて、熱く生きていってほしいと思います。そういうマインドが皆さんのような若い世代に脈々と続いていくことこそ、冒頭に申し上げた、強い記者、いい記者が生まれていくことにつながっていくのではないかと信じています。記者、特に事件記者の心は、絶対に死んでしまってはいけない。あるいは、新聞記者でなくとも、皆さんのような若い世代から、健全な正義感、素朴な正義感がなくなってしまってはいけない。世の中こんなもんだろうと、たかをくくるような生き方はしていただきたくない。

短い時間ではありましたけれども、これが、今回、私が述べたかったテーマです。

質疑応答

市川　先生、どうもありがとうございました。

質問を考える時間が必要だと思うので私が少しお話しします。

今回、『経済事情F』という授業があって、私だけが講義をするのではなく、新聞社の方にご講義いただいたこの九回は、皆さんにとって、相当刺激になったと思います。最初のほうであれば、今日起っている、我々が知り得ない事実を教えてくれるという意味で新鮮だったでしょうし、これから関西はどうなっていくんだろうと、未来まで見通せる現場の知恵や力を感じたこともあったと思います。

私自身がこの講座をなぜ三年間やってきたか。それは、やはりこれから社会人になる皆さんに、最も必要なものを伝えてくださる先生方が登壇されるからです。それが、恐らく今回の話に凝縮されていたと思います。

私たちは、何かを達成しようとするときは、どうしてもハウツーで考える世の中に埋没しているけれども、最終的に、社会人になるということは、何らかの形で職業を通じて社会に貢献することです。そのときに、自分の職業に誇りを持つこと、そして正義感を持つことが最も重要です。記者は文章を書いて給料をもらっている一方で、正義感に基づいて文章を書いてもいます。社会人になる皆さんに最も必要なことを伝えてくださる先生方が、本講座には次々と登壇してくださったわけです。

では、質問、コメントはありますか。

質問者　コメントというか感想を。貴重なお話、ありがとうございました。経済学部の学生です。今回のお話を通して、僕たちも、記事を授業で書かせていただいたり、授業を通して新聞を読ませていただいたりする中で、自分たちが、淡々と、事件とかがあるという事実だけを見ていたのかなと思いまして、新聞から読みとらなければならないこと、記者の方々が伝えたいことを読み取れてなかったと感じました。自分が記事を書くときにも、誰かに何かを伝えたいことがざっくり抜けて、文だけを書いていたなと、この授業全体を振りかえるようなお話をしていただいて、とても感謝しております。

その中で、最後に、僕たちみたいな若い世代が、健全な正義感とかを持って、世の中こんなものだと思って生きてはいけないというお話をいただきましたが、僕らも二〇年ぐらい生きていく中で、世の中ってこんなものかなと思う機会が今も多いのですが、健全な正義感とか、世の中をこんなものだろうと見ないのは、いろんな情報から得られるものなのか、それとも、先生の生きてこられた経験から、どういうところに自分たちが目を向けて生きていけばいいのかを、教えていただければと思います。

井口　それは、多分、新聞で学ぶとかではないと思います。私の申し上げた健全な正義感とか素朴な正義感は、決して大上段に自分が正義だと、ジャスティスだという話ではないです。例えば、人をいじめるってやっぱりよくないじゃないですか。そりゃ、その年代に応じたいろんな環境があって、いじられキャラとか、突っ込みキャラとか、いろんな人間関係ってあると思いますが、人を泣かすとか、いじめるとか、親御さんを泣かせるとか、それはよくないことだ、ということは新聞で学ぶことでなければ、誰かに教えられることでもなく、当たり前の価値観じゃないですか。こういったもの、こういった当たり前の価値観を大事にしていきましょうという話です。

事件が起きました、お母さんが殺されました、そのときに、ご家族がどういう気持ちでいるだろうとか、何に悲しんでらっしゃるだろうというのは、自分が取材する立場になってみると、当然ながら、共感して取材しなければ絶対に話は通じませんよね。これを正義感という言葉で言いましたが、当たり前のことです。ですから、言われているような難しい話ではなくて、これはひどいことだと感じられる、そして、ひどいことだけど仕方ないと思わないでほしい。ひどいことが横行しているのであれば、理不尽なことが横行しているのであれば、あるいは、何らかの差別みたいなことが行われているのであれば、それはいけない。状況を改善するためにどうすることができるのだろう、ということをあきらめない。そりゃ、自分一人で、何もかもすべて、短時間のうちに解決できる問題とはならないかもしれませんけれども、そういうことをあきらめないというか、決してそれを肯定しないみたいな、ある意味、気持ちの強さというのでしょうか、そういうものを持ち続けてほしいなということです。

それを育むのは、多分、学校の勉強もあるでしょうけれども、やっぱりいろんな本を読んだり、映画を見たり、漫画もそうですが、そういった人生の味とか、光景を教えてくれるものがありますよね。一〇代のうちに読むべきもの、二〇代になったら読んだらいいものって昔からありますよね。スマートフォンのゲームばかりではなくて、やっぱり本とか映画とかを見て、自分を鍛える努力はしてほしいと思います。

市川　ほかにいますか。

質問者　貴重なお話ありがとうございました。人間福祉学部社会起業学科二年の学生です。好奇心旺盛で、少しおっちょこちょいで、感動しやすく、涙もろい、まさに自分だなと思いながら、この新聞関係のお話だけじゃなく、そのような言葉をいただけて、ぐさっとくるものがあったり、今回は貴重なお話が聞けてうれしかったです。

私は別の授業でジャーナリズム論とかもとっていまして、その中で、私たちの周りにはいろんな情報があるけれども、その情報があり過ぎて、うまく情報を拾えない学生が多いという話も先生から聞きまして。私はどちらかというと好奇心旺盛なので、自分から情報を見つけて、その情報をもらったら行動に移して、行動スピードは多分速いだろうとは思っていますが、人を動かすというか、新聞記事も人に伝えるものですが、その記事を見て、人が動くということ、人の心を動かして行動にまで持っていかせるのはすごく難しいことだと思います。何か私も、自分の言葉であったりとか、自分が書く文章が誰かの心に届いて、その人の行動とか、その人生を変えるまではいかなくても、何か考えるきっかけを与えられるような人になりたいなと思っているので、そういう部分でアドバイスいただけたらと思います。

井口　私もまったく同じことを日々考えています。人の心を動かす、行動を促す、人生に影響を与えるなんて、なかなか狙ってできることではありませんよね。ですから、どうやったらいいのかって私も聞きたいぐらいです。これはテクニック論と受け取ってほしくはないですが、少なくとも傾向として言えることは、何か伝えたいことがあるときに、感情的に伝えると伝わりにくいです。伝えたいことこそ淡々と事実関係をきちんと提示する。説得力は事実関係、ファクトです。ファクトのない訴えはなかなか伝わりにくいです。ですから、事実関係とかロジカルな話の展開はとても大切かなと。すごくテクニックな話で申しわけないですが。

我々の世界では、ファクトがすべて、ディテールに神は宿る―などと言います。例えば、学生のときの自分が、日航機の事故で、何でそんなに心を動かされて、自分もその道に入ってみたいと思ったかというと、やっぱり新聞報道の記事の影響力だったのです。それは決して情緒的な原稿ではなく、人の人生が毎日描かれるわけです。サッカーが好きだった人、演劇が好きだった人、あと一歩で課長を目前とした、出世街道を走っていたサラリーマンの方、そういった人生が淡々と書かれているのですね。これを毎日読んでいると、人の人生をずっと見ていると、影響されてくるんですよ、うまく言えないですが。映画が、あるいは本が何で人間に支持されるかというと、自分ではたった一つの人生しか歩めないのに、本や映画では、いろんな人生を見ることができるじゃないですか。しかも、非常にリアリティーあふれた話で。そのリアリティーみたいなものが、当時の新聞に凝縮されていたからだと思います。

ですので、それが報道であっても、学術研究であっても、何かものを伝えようと思ったら、やっぱりデータとか、そのデータの論理展開とかを厳密にすることが、結局はその影響力に結びつくという気がしています。

市川　ありがとうございました。時間の関係でここまでとなります。

私事ですが、この授業が私にとって関西学院大学での最後の授業になります。私の最後の授業のゲストが井口先生だったこと、そして最後まで務め上げた授業が産経新聞社さんと一緒に提供した『経済事情F』だったことにも誇りを持っています。私が『経済事情F』を続けてきたのは、私自身にも、教育者として、正義感があるということです。

私が学生の皆さんに伝えたいことは、どうやったら一部上場企業に入れるだろう、といったようなモノの考え方に支配されるのではなく、大学生活をもっと人間の根源的なことをしっかりと学ぶ四年間にしてほしいということです。大学は社会人になるためのハウツーを獲得する期間ではなく、社会に出る前の最後の人間成熟のための期間なのだということを、最後にお伝えして、この講義全体を締めたいと思います。

長戸　雅子（ながと・まさこ）　第 7 講担当
産経新聞大阪本社政治国際部長

1988 年産経新聞入社。東京社会部、文化部、外信部の記者を経てニューヨーク支局長、外信部次長、外信部長を務めた。

鹿間　孝一（しかま・こういち）　第 8 講担当
産経新聞大阪本社論説委員

1975 年産経新聞入社。大阪で社会部長、東京で編集長などを務めた。夕刊一面コラム「湊町 365」を執筆。共著に「新聞記者　司馬遼太郎」など。

鳥居　洋介（とりい・ようすけ）　第 9 講担当
㈱産経デジタル代表取締役社長

1983 年産経新聞社入社。夕刊フジ関西総局編集部部長、産経新聞東京、大阪各本社で編集長、東京本社夕刊フジ代表、大阪本社編集局長などを務めた。

井口　文彦（いぐち・ふみひこ）　第 10 講担当
産経新聞大阪本社編集局長

1986 年産経新聞社入社。東京本社社会部、経済部記者を経て東京、大阪各本社で社会部次長、産経デジタル取締役営業本部長、東京、大阪各本社で編集長を務めた。

【講師紹介】（※所属・役職は講演当時）

島田　耕（しまだ・こう）　第２講担当
産経新聞大阪本社編集長

1988年日本工業新聞社入社。産経新聞経済部（名古屋駐在）記者、同部次長、東京本社経済部長、東京本社編集長などを務めた。

内田　透（うちだ・とおる）　第３講担当
産経新聞大阪本社経済部長

1991年産経新聞社入社。大阪社会部で司法（検察担当）、大阪府政、大阪市政などを担当。京都総局次長、大阪社会部次長などを務めた。

牛島 要平（うしじま・ようへい）　第４講担当
産経新聞大阪本社経済部記者

2000年産経新聞社入社。大阪整理部、神戸総局など経て大阪経済部記者。流通、機械、鉄道・空港、金融を担当してきた。

橋本　亮（はしもと・あきら）　第５講担当
産経新聞大阪本社経済部記者

2000年産経新聞社入社。新潟支局、東京整理部などを経て、東京経済本部で国土交通省、財務省、日銀、大阪経済部で機械·金融業界を担当している。

北川 信行（きたがわ・のぶゆき）　第６講担当
産経新聞大阪本社運動部次長

1991年産経新聞社入社。支局勤務を経て大阪運動部記者。野村克也、星野仙一両監督時代の阪神タイガースを担当。サッカーＷ杯は２大会で現地取材を経験した。

【編者紹介】

市川　顕（いちかわ・あきら）　編者・第1講担当
東洋大学国際学部グローバル・イノベーション学科准教授
関西学院大学産業研究所客員研究員
博士（政策・メディア）

1999年慶應義塾大学総合政策学部卒業、2006年慶應義塾大学政策・メディア研究科後期博士課程単位満了退学。2008年博士（政策・メディア）。東京工業大学産官学連携研究員、慶應義塾大学・デジタルハリウッド大学・名古屋商科大学非常勤講師、関西学院大学産業研究所准教授を経て、現職。現在は、東洋学園大学・清泉女子大学での兼任講師のほか、政策情報学会・政治社会学会・国際公共経済学会で理事を務める。

〈主要業績〉　『ASEAN経済共同体の成立——比較地域統合の可能性』中央経済社（編著者、2017年）。
『EUの社会経済と産業』関西学院大学出版会（編著者、2015年）。
『体制転換とガバナンス』ミネルヴァ書房（共編著者、2013年）
『グローバル・ガバナンスとEUの深化』慶應義塾大学出版会（共編著者、2011年）。

高林 喜久生（たかばやし・きくお）　編者・まえがき担当
関西学院大学経済学部教授、関西学院大学産業研究所所長
経済学博士

1977年京都大学経済学部卒業。同年住友信託銀行入行。1985年大蔵省財政金融研究所主任研究官。1988年住友信託銀行復職。1990年広島大学経済学部助教授。1996年関西学院大学経済学部教授。2018年から関西学院大学産業研究所所長。専攻は財政学。主著に『地域間格差の財政分析』有斐閣（2005年）。

産研レクチャー・シリーズ

関西の地域振興と国際化
大学と新聞社の役割

2018年9月5日初版第一刷発行

編著者　市川顕　高林喜久生

発　行　関西学院大学産業研究所
協　力　産経新聞大阪本社
発　売　関西学院大学出版会
所在地　〒662-0891
　　　　兵庫県西宮市上ケ原一番町1-155
電　話　0798-53-7002

印　刷　株式会社クイックス

Printed in Japan by Kwansei Gakuin University Press
ISBN 978-4-86283-264-1

理 コトワリ

五〇〇点刊行記念

関西学院大学出版会の総刊行数が五〇〇点となりました。
草創期とこれまでの歩みを歴代理事長が綴ります。

KOTOWARI
No.75
2025

1997–2025

関西学院大学出版会
KWANSEI GAKUIN UNIVERSITY PRESS

自著を語る

未来の教育を語ろう

關谷《せきや》 武司《たけし》
関西学院大学教授

著者は現在六四歳になります。思えば、自身が大学に入学した頃に、パーソナル・コンピューター（ＰＣ）というものが世に現れ、最初はソフトウェアもほとんどなく、研究室にあるただの箱のような扱いでした。それが、毎年毎年数倍の革新的な能力アップを遂げ、あっという間に、ＰＣなくしては、研究だけでなく、あらゆるオフィス業務が考えられない状況が出現しました。その後のインターネットの充実は、さらに便利な社会をもたらし、近年はクラウドやバーチャルという空間まで生み出しました。そして、数年前から、ついに人工知能（ＡＩ）の実用化が始まり、人間の能力を超える存在にならんとしつつあります。ここまでの激的な変化が、わずか人間一代の時間軸の中で起こってきたわけです。

もはや、それまでの仕事の進め方は完全に時代遅れとなり、昨年まであった業務ポストがなくなり、人間の役割が問い直されるまでに至りました。この影響は、すでに学びの場、学校や大学にも及んでいます。

これまで生徒に対してスマホートフォンの使用を制限していた中学や高等学校では、タブレットが導入され、ＡＩを使う生徒の姿に教師が戸惑う光景が見られるようになりました。教室で、ＡＩなどの先進科学技術を利用しながら、子どもたちに、何を、どのように学ばせるべきなのか。これは避けて通れない目の前のことで、教育者はいま、その解を求められています。しかし、学校現場は日々の業務に忙殺されており、立ち止まって現状を見直し、高い視点に立って将来を見据えて考える、そんな時間的余裕などはとてもありません。ただただ、「これでいいわけはない」「今後に向けてどのような教育があるべきか」

など、焦燥感だけが募る毎日。

この書籍は、そのような状況にたまりかねた著者が、仲間うちの教育関係者に訴えかけて円卓会議を開いた、そのときに話された内容を記録したものです。まずは、僭越ながら著者が基調講演をおこない、続いて小学校から高等学校までの現場の先生方、そして教育委員会の指導主事の先生方にグループ討議をしていただきました。それぞれの教育現場における課題や懸念、今後やるべき取り組みやアイデアの提示を自由に話し合い、互いに共有しました。そして、それを受けて、大学の異なるご専門の先生方から、大学としていかなる変革が必要となるか、コメントを頂戴しました。実に有益なご示唆をいただくことができました。

では、私たちはどのような一歩を歩み出すべきなのでしょうか。社会の変化は非常に早い。

そこで、小学校から高等学校までの学校教育に多大な影響を及ぼしている大学教育に着目しました。それはまた、輩出する卒業生を通して社会に対しても大きな影響を及ぼす存在です。

一九七〇年にＯＥＣＤの教育調査団から、まるでレジャーランドの如くという評価を受けてから半世紀以上が経ちました。もはや、このまま変わらずにはいられない大学教育に関して、大胆かつ具体的に、これからの日本に求められる理想としての大学の姿を提示してみました。遠いぼんやりした次世紀の大学ではなく、シンギュラリティが到来しているかもしれない、二〇五〇年を具体的にイメージしたとき、どういう教育理念で、どのようなカリキュラムを、どのような教授法で実施するのか。いま現在の制約をすべて取り払い、自らが主体的に動ける人材を生み出すために、妥協を廃して考えた具体的なアイデアを提示する。この奇抜な挑戦をやってみました。

このような大学がもし本当に出現したなら、社会にどのようなインパクトを及ぼすでしょうか。消滅しつつある、けれど本来は資源豊かな地方に設立されたら、どれほどの効果を生み出すでしょうか。その影響が共鳴しだせば、日本全体の教育を変えていくことにもつながるのではないでしょうか。

そんな希望を乗せて、この書籍を世に出させていただきました。批判も含め、大いに議論が弾む、その礎となることを願っています。

関西学院大学出版会の誕生と私

荻野《おぎの》 昌弘《まさひろ》
関西学院理事長

一九九五年は、阪神・淡路大震災が起こった年である。関西学院大学も、教職員・学生の犠牲者が出て、授業も一時中断した。この年の秋、大学生協書籍部の谷川恭生さん、岡見精夫さんと神戸三田キャンパスを見学しに行った。新しいキャンパスに総合政策学部が創設されたのは、震災が起こった一九九五年の四月のことである。震災という不幸にもかかわらず、神戸三田キャンパスの新入生は、活き活きとしているように見えた。

その後、三田市ということで、三田屋でステーキを食べた。その時に、私が、そろそろ、単著を出版したいと話して、具体的な出版社名も挙げたところ、谷川さんがそれよりもいい出版社があると切り出した。それは、関西学院大学生活協同組合出版会のことで、たしかに蔵内数太著作集全五巻を出版している。生協の出版会を基に、本格的な大学出版会を作っていけばいいという話だった。

震災は数多くの建築物を倒壊させた。それは、不幸なできごとであったが、そこから新たな再建、復興計画が生まれる。何か新しいものを生み出したいという気運が生まれてくる。私は、谷川さんの新たな出版会創設計画に大きな魅力を感じ、積極的にそれを推進したいという気持ちになった。

そこで、まず、出版会設立に賛同する教員を各学部から集め、設立準備有志の会を作った。岡本仁宏（法）、田和正孝（文）、田村和彦（経＝当時）、広瀬憲三（商）、浅野考平（理＝当時）の各先生が参加し、委員会がまず設立された。また、経済学部の山本栄一先生から、おりに触れ、アドバイスをもらうことになった。

出版会を設立するうえで決めなければならないのは、まずその法人格をどのようにするかだが、これは、財団法人を目指す任意団体にすることにした。そして、何よりの懸案事項は、出版資金をどのように調達するかという点だった。あるときに、たしか当時、学院常任理事だった、私と同じ社会学部の髙坂健次先生から山口恭平常務に会いにいけばいいと言われ、単身、常務の執務室に伺った。山口常務に出版会設立計画をお話し、資金を融通してもらいたい旨お願いした。山口さんは、社会学部の事務長を経験されており、そのときが一番楽しかったという話をされ、その後に、一言「出版会設立の件、承りました」と言われた。事実上、出版会の設立が決まった瞬間だった。

その後、書籍の取次会社と交渉するため、何度か東京に足を運んだ。そのとき、谷川さんと共に同行していたのが、今日まで、出版会の運営を担ってきた田中直哉さんである。東京出張の折には、よく酒を飲む機会があったが、取次会社の紹介で、高齢の女性が、一人で自宅の応接間で営むカラオケバーで、バラのリキュールを飲んだのが、印象に残っている。

取次会社との契約を無事済ませ、社会学部教授の宮原浩二郎編集長の下、編集委員会が発足し、震災から三年後の一九九八年に、最初の出版物が刊行された。

ところで、当初の私の単著を出版したいという目的はどうなったのか。出版会設立準備の傍ら、執筆にも勤しみ、第一回の刊行物の一冊に『資本主義と他者』を含めることがかなった。新たな出版会で刊行したにもかかわらず、書評紙にも取り上げられ、また、読売新聞が、出版記念シンポジウムに関する記事を書いてくれた。当時大学院生で、その後研究者になった方々から私の本を読んだという話を聞くことがあるので、それなりの反響を得ることができたのではないか。書店で『資本主義と他者』を手にとり、読了後すぐに連絡をくれたのが、当時大阪大学大学院の院生だった、山泰幸人間福祉学部長である。また、いち早く、論文に引用してくれたのが、今井信雄社会学部教授（当時、神戸大学の院生）で、今井論文は後に、日本社会学会奨励賞を受賞する。出版会の立ち上げが、新たなつながりを生み出していることは、私にとって大きな喜びであり、出版会が、今後も知的ネットワークを築いていくことを期待したい。

『資本主義と他者』1998年

資本主義を可能にしたものは？　他者の表象をめぐる闘争から生まれる、新たな社会秩序の形成を、近世思想、文学、美術等の資料をもとに分析する

草創期をふり返って

宮原《みやはら》　浩二郎《こうじろう》
関西学院大学名誉教授

　関西学院大学出版会の刊行書が累計で五〇〇点に到達した。ホームページで確認すると、設立当初の一〇年間は毎年一〇点前後、その後は毎年二〇点前後のペースで刊行実績を積み重ねてきたことがわかる。あらためて今回の「五〇〇」という大台達成を喜びたい。

　草創期の出版企画や運営体制づくりに関わった初代編集長として当時をふり返ると、何よりもまず出版会立ち上げの実務を担った谷川恭生氏の面影が浮かんでくる。当時の谷川さんは関学生協書籍部の「マスター」として、関学内外の多くの大学教員や研究者を知的ネットワークに巻き込みながら、学術書を中心に本の編集、出版、流通、販売の仕組みや課題を深く研究し、全国の書店や出版社、取次会社に多彩な人脈を築いていた。谷川さんに連れられて、東京の大手取次会社を訪問した帰りの新幹線で、ウィスキーのミニボトルをあけながら夢中で語り合い、気がつくともう新大阪に着いていたのをなつかしく思い出す。

　数年後に病を得た谷川さんが実際に手にとることができた新刊書は当初の五〇点ほどだったはずである。今や格段に充実した刊行書のラインアップに喜び、深く安堵してくれているにちがいない。それはまた、谷川さんの知識経験や文化遺伝子を引き継いだ、田中直哉氏はじめ事務局・編集スタッフによる献身と創意工夫の賜物でもあるのだから。

　草創期の出版会はまず著者を学内の教員・研究者に求め「関学の」学術発信拠点としての定着を図る一方、学外の大学教員・研究者にも広く開かれた形を目指していた。そのためすでに初期の新刊書のなかに関学教員の著作に混じって学外の大学教員・研究者による著作も見受けられる。その後も「学内を中心としながら、学外の著者にも広く開かれている」という当初の方針は今日まで維持され、それが刊行書籍の増加や多様性の確保にも少なからず貢献してきたように思う。

他方、新刊学術書の専門分野別の構成はこの三〇年弱の間に大きく変わってきている。たとえば出版会初期の五年間と最近五年間の新刊書の「ジャンル」を見比べていくと、現在では当初よりも全体的に幅広く多様化していることがわかる。「社会・環境・復興」（災害復興研究を含むユニークな「ジャンル」）や「経済・経営」は現在まで依然として多いが、いずれも新刊書全体に占める比重は低下し、「法律・政治」「福祉」「宗教・キリスト教」「関西学院」「エッセイその他」にくわえて、当初は見られなかった「言語」や「自然科学」のような新たな「ジャンル」が加わっている。何よりも目立つ近年の傾向は、「哲学・思想」や「文学・芸術」のシェアが顕著に低下する一方、「教育・心理」や「国際」、「地理・歴史」のシェアが大きく上昇していることである。

こうした「ジャンル」構成の変化には、この間の関西学院大学の学部増設（人間福祉、国際、教育の新学部、理系の学部増設など）がそのまま反映されている面がある。ただ、その背景には関学だけではなく日本の大学の研究教育をめぐる状況の変化もあるにちがいない。思い返せば、関西学院大学出版会の源流の一つに、かつて谷川さんが関学生協書籍部で編集していた書評誌『みくわんせい』（一九八八―九二年）がある。それは当時の「ポストモダニズム」の雰囲気に感応し、最新の哲学書や思想書の魅力を伝えることを通して、専門の研究者や大学院生だけでなく広く読書好きの一般学生の期待に応えようとする試みでもあった。出版会草創期の新刊書にみる「哲学・思想」や「文学・芸術」のシェアの大きさとその近年の低下には、そうした一般学生・読者ニーズの変化という背景もあるように思う。

関西学院大学出版会も着実に「歴史」を刻んできたことにあらためて気づかされる。これから二、三十年後、刊行書「一〇〇〇点」達成の頃には、どんな「ジャンル」構成になっているだろうか、今から想像するのも楽しみである。

『みくわんせい』
創刊準備号、1986年

この書評誌を介して集った人たちによって関西学院大学出版会が設立された

関西学院大学出版会への私信

田中《たなか》　きく代《よ》
関西学院大学名誉教授

私は出版会設立時の発起人ではありませんでしたが、初代理事長の荻野昌弘さん、初代編集長の宮原浩二郎さんから設立のお話をいただいて、気持ちが高まりワクワクしたことを覚えています。発起人の方々の熱い思いに感銘を受けてのことで、「田中さん、研究発進の出版部局を持たないと大学と言えないよね」という誘いに、もちろん「そうよね‼」と即答しました。皆さんの良い本をつくりたいという理想も高く、何度も会合がもたれました。ことに『理』の責任者であった生協の書籍におられた谷川恭生さんのご尽力は並々ならないものであったと感謝しております。谷川さんを除けば、皆さん本屋さんの出版にはさほど経験がなく、苦労も多かったのですが、苦労よりも新しいものを生み出すことに嬉々としていたように思います。

私は、設立から今日まで、理事として編集委員として関わらせていただき、一時期には理事長の要職に就くことにもなりましたが、荻野さん、宮原さん、山本栄一先生、田村和彦さん、大東和重さん、前川裕さん、田中直哉さん、戸坂美果さんと、指を折りながら思い返し、多くの編集部の方々のおかげで、やってくることができたと実感しています。五〇〇冊記念を機に、まずは感謝を申し上げ、いくつか関西学院大学出版会の「いいとこ」を宣伝しておきたいと思います。

「関学出版会の『いいとこ』は何?」と聞かれると、本がとても「温かい」と答えます。出版会の出版目録を見ていると、それぞれの本が出来上がった時の記憶が蘇ってきますが、どの本も微笑んでいます。教員と編集担当者が率先して一致協力して運営に関わっていることが、妥協しないで良い本をつくろうとすることからくる真剣な取り組みとなっているのです。出版会の本は丁寧につくられ皆さんの心が込められているのです。
また、本をつくる喜びも付け加えておきます。毎月の編集委員会では、新しい企画にいつもドキドキしています。私事ですが、私は歴史学の研究者の道を歩んできましたが、同時にどこかでいつか本屋さんをやりたいという気持ちがあったことは否定できません。関学出版会では、自らの本をつくる時など特にそうですが、企画から装丁まですべてに自分で直接に関わることができるのですよ。こんな嬉しいことがありますか。

皆でつくるということでは、夏の拡大編集委員会の合宿も思い出されます。毎夏、有馬温泉の「小宿とうじ」で実施されてきましたが、そこでは編集方針について議論するだけではなく、毎回「私の本棚」「思い出の本」「旅に持っていく本」などの議題が提示されました。自分の好きな本を本好きの他者に「押しつけ?」、本好きの他者から「押しつけられる?」楽しみを得る機会が持てたことも私の財産となりました。夕食後には皆で集まって、学生時代のように深夜まで喧々諤々の時間を過ごしてきたことも楽しい思い出です。今後もずっと続けていけたらと思っています。

記念事業としては、設立二〇周年の一連の企画がありましたが、記念シンポジウム「いま、ことばを立ち上げること」では、田村さんのご尽力で、「ことばの立ち上げ」に関わられた諸氏にお話しいただき、本づくりの大切さを再確認することができました。今でも「投壜通信」という「ことば」がビンビン響いてきます。文字化される「ことば」に内包される心、誰かに届けたい「ことば」のことを、本づくりの人間は忘れてはいけないと実感したものです。

インターネットが広がり、本を読まない人が増えている現状で、今後の出版界も変革を求められていくでしょうが、大学出版会としては、学生に「ことば」を伝える義務があります。ネット化を余儀なくされ「ことば」を伝えるにも印刷物ではなくなることも増えるでしょう。だが、学生に学びの「知」を長く蓄積し生涯の糧としていただくには、やはり「本棚の本」が大切だと思います。出版会の役割は重いですね。

『いま、ことばを立ち上げること』
K.G.りぶれっとNo. 50、2019年

2018年に開催した関西学院大学出版会設立20周年記念シンポジウムの講演録

ふたつの追悼集

田村《たむら》　和彦《かずひこ》
関西学院大学名誉教授

荻野昌弘さんの原稿で、一九九五年の阪神淡路の震災が出版会誕生の一つのきっかけだったことを思い出した。今から三〇年前になる。ぼく自身は一九九〇年に関西学院大学に移籍して間もなくだった。震災との直接のつながりは思いつかないが、新たな出発に向けての思いが大学に満ちていたことは確かである。

ぼく自身と出版会とのかかわりは、当時関学生協書籍部にいた谷川恭生さんに直接声をかけられたことから始まる。谷川さんの関西学院大学出版会発足にかけた情熱については、本誌で他の方々も触れているとおりである。残念ながら、出版会がどうやら軌道に乗り始めた二〇〇四年にわずか四九歳で急逝した谷川さんには、翌年に当出版会が出した追悼文集『時（カイロス）の絆』に学内外の多くの方々が思いを寄せている。出版会についていえば、前身には発足の十年近く前から谷川さんが発行していた書評誌『みくわんせい』があったことも忘れえない。『みくわんせい』のバックナンバーの書影は前記追悼集に収録されている。出版会を立ちあげて以来発行されてきたこの小冊子『理』にしても、最初は彼が構想する大学発の総合雑誌の前身となるべきものだったと記憶している。「理」を「ことわり」と読むことにこだわったのも彼である。谷川さんのアイデアは尽きることなく広がり、何度かの出版会主催のシンポジウムも行われた。そんななか、出版会が発足してからもいつもは外野のにぎわわせ役を決めこんでいたぼくに、谷川さんから研究室に突然電話が入り、「編集長になりませんか」という依頼があった。なんとも闇雲な頼みで、答えあぐねているうちにいつの間にやら引き受けることになってしまった。その後編集長として十数年、その後は出版会理事長として谷川さんが蒔いた種から育った出版会の活動を、不十分ながら引き継いできた。

関学出版会を語るうえでもう一人忘れえないのが山本栄一氏で

ある。山本さんは阪神淡路の震災の折、ちょうど経済学部の学部長で、ぼく自身もそこに所属していた。学部運営にかかわる面倒なやり取りに辟易していたぼくだが、震災の直後に山本さんが学部活性化のために経済学部の教員のための紀要刊行費を削って、代わりに学部生を巻きこんで情報発信と活動報告を行う経済学部広報誌『エコノフォーラム』を公刊するアイデアを出したときには、それに全面的に乗り、編集役まで買って出た。それをきっかけに学部行政以外のつき合いが深まるなかで、なんとも型破りで自由闊達な山本さんの人柄にほれ込むことになった。

発足間もない関学出版会についても、学部の枠を越えて、教員ばかりか事務職にまで関学随一の広い人脈を持つ山本さんの「拡散力」と「交渉力」が大いに頼みになった。一九九九年に関学出版会の二代目の理事長に就かれた山本さんは、毎月の編集会議にも、当時千刈のセミナーハウスで行なわれていた夏の合宿にも必ず出席なさった。堅苦しい会議の場は山本さんの一見脈絡のないおしゃべりをきっかけに、どんな話題に対しても、誰に対しても開かれた、くつろいだ自由な議論の場になった。本の編集・出版という作業は、著者だけでなく、編集者・校閲者も巻きこんで、まったくの門外漢や未来の読者までを想定した、実に楽しい仕事になった。山本さんは二〇〇八年の定年後も引き続き出版会理事長を引き受けてくださったが、二〇一一年に七一歳で亡くなられた。没後、関学出版会は上方落語が大好きだった山本さんを偲んで『賑わいの交点』という追悼文集を発刊している。

出版会発足二八年、刊行点数五〇〇点を記念するにあたって特にお二人の名前を挙げるのは、お二人のたぐいまれな個性とアイデアが今なお引き継がれていると感じるからである。二つの追悼集のタイトルをつけたのは実はぼくだった。いま、それを久しぶりに紐解いていると関西学院大学出版会の草創期の熱気と、それを継続させた人的交流の広さと暖かさとが伝わってくる。

『時（カイロス）の絆』
谷川恭生追悼文集、
2005年（私家版）

21名の追悼寄稿文と、
谷川氏の講義ノート・
『みくわんせい』の軌跡
を収録

『賑わいの交点』
山本栄一先生追悼文集、
2012年（私家版）

39名の追悼寄稿文と、
山本先生の著作目録・
年譜・俳句など

連載

スワヒリ詩人列伝

第8回　政権の御用詩人、マティアス・ムニャンパラの矛盾

小野田　風子

スワヒリ語詩、それは東アフリカ海岸地方の風土とイスラム的伝統に強く結びついた世界である。そのなかで、内陸部出身のキリスト教徒として初めてシャーバン・ロバート（本連載第2回〔『理』59号〕参照）に次ぐ大詩人として認められたのが、今回の詩人、マティアス・ムニャンパラ（Mathias Mnyampala, 1917-1969）である。

ムニャンパラは一九一七年、タンガニーカ（後のタンザニア）中央部のドドマで、ゴゴ民族の牛飼いの家庭に生まれる。幼いころから家畜の世話をしつつ、カトリック教会で読み書きを身につけた。政府系の学校で法律を学び、一九三六年から亡くなるまで教師や税務署員、判事など様々な職に就きながら文筆活動を行った。これまでに詩集やゴゴの民族誌、民話など十八点の著作が出版されている（Kyamba 2016）。

詩人としてのムニャンパラの最も重要な功績とされているのは、「ンゴンジェラ」（ngonjera）注1という詩形式の発明である。

独立後のタンザニアは、初代大統領ジュリウス・ニェレレの強い指導力の下、社会主義を標榜し、「ウジャマー」（Ujamaa）と呼ばれる独自の社会主義政策を推進した。ニェレレは当時のスワヒリ語詩人たちに政策の普及への協力を要請し、詩人たちはＵＫＵＴＡ（Usanifu wa Kiswahili na Ushairi Tanzania）という文学団体を結成した。ＵＫＵＴＡの代表として政権の御用詩人を引き受けたムニャンパラが、非識字の人々に社会主義の理念を伝えるのに最適な形式として創り出したのが、ンゴンジェラである。これは、詩の中の二人以上の登場人物が政治的なトピックについて議論を交わすという質疑応答形式の詩である。ムニャンパラがまとめた詩集『ＵＫＵＴＡのンゴンジェラ』（*Ngonjera za Ukuta I & II*, 1971, 1972）はタンザニア中の成人教育の場で正式な出版前から活用され、地元紙には類似の詩が多数掲載された。

ムニャンパラの詩はすべて韻と音節数の規則を完璧に守った定型詩である。ンゴンジェラ以外の詩では、言葉の選択に細心の注意が払われ、表現の洗練が追求されている。詩の内容は良い生き方を諭す教訓的なものや、物事の性質や本質を解説するものが目立つ。詩のタイトルも、「世の中」「団結」「嫉妬」「死」など一語が多く、詩の形式で書かれた辞書のようでさえある。美徳や悪徳、無力さといった人間に共通する性質を扱う一方、差別や植民地主義への明確な非難も見られ、人類の平等や普遍性について

書いた詩人と大まかに評価できよう。

一方、ムニャンパラのンゴンジェラは、それ以外の詩と比べて深みや洗練に欠けると言われる。ムニャンパラは「庶民の良心」であることを放棄し、「政権の拡声器」に成り下がったとも批判されている（Ndulute 1985: 154）。知識人が無知な者を啓蒙するというンゴンジェラの基本的な性質上、確かにそこには、人間や物事の単純化や、善悪の決めつけ、庶民の軽視が見られる。人間の共通性や普遍性に焦点を当てるヒューマニズムも失われている。表現の推敲の跡もあまり見られず、政権のスローガンをただ詩の形式に当てはめただけのようである。以下より、ムニャンパラのンゴンジェラが収められている『UKUTAのンゴンジェラI』と、一般的な詩が収められている『ムニャンパラ詩集』（*Diwani ya Mnyampala*, 1965）、そして『詩の教え』（*Waadhi wa Ushairi*, 1965）から、実際にいくつか詩を見てみよう。

『UKUTAのンゴンジェラI』内の「愚かさは我らが敵」では、「愚か者」が以下のように発言する。「みんな私をバカだと言う　学のない奴と／私が通るとみんなであざけり　友達でさえ私を笑う／悪口ばかり浴びせられ　言葉数さえ減ってきた／さあ、確かなことを教えてくれ　私のどこがバカなんだ?」それに対し、「助言者」は、「君は本当にバカだな　そう言われるのももっともだ／だって君は無知だ　教育されていないのだから／君は幼子、背負われた子どもだ／教育を欠いているからこそ　君はバカなのだ」と切り捨てる。その後のやり取りが続けられ、最後には「愚か者」が、「やっと理解した　私の欠陥を／勉強に邁進し　愚かさから抜け出そう／そして味わおう　読書の楽しみを／確かに私は　バカだったのだ」と改心する（Mnyampala 1970: 14-15）。

一方、『詩の教え』内の詩「愚か者こそが教師である」では、「愚か者」についての認識に大きな違いがある。詩人は、「愚か者はこし器のようなもの　知覚を清めることができる／愚か者こそが、賢者を教える教師なのである」（Mnyampala 1965b: 55）と、ンゴンジェラとは異なる思慮深さを見せる。また、上記のンゴンジェラに見られる教育至上主義は、『詩の教え』内の別の詩「高貴さ」とも矛盾する。

たとえば人の服装や金の装身具／あるいは大学教育や宗教の知識に驚かされることはあっても／それが人に高貴さをもたらすわけではない　そういったものに惑わされるな／服は高貴さとは無縁だ　高貴さとは信心なのだ

高貴さとは信心である　読書習慣とは関係ない／スルタンであることや、ローマ人やアラブ人であることでもない／それは心の中にある信心　慈悲深き神を知ること／騒乱は高貴さには似合わない　高貴さとは信心なのだ（Mnyampala 1965b: 24）

同様の矛盾は、社会主義政策の根幹であったウジャマー村についての詩にも見出せる。一九六〇年代末から七〇年代にかけて、平等と農業の効率化を目的として、人工的な村における集団農業の実施が試みられた。『UKUTAのンゴンジェラ』内の詩「ウジャマー村」では、政治家が定職のない都市の若者に、村に移住し農業に精を出すよう諭す。若者は「彼らが言うのだ　私たちは町を出ないといけないと／ウジャマー村というが　何の利益があるんだ？」と疑問を投げかけ、「この私がどんな利益を上げられるだろう？／体には力はなく　何も収穫することなどできない」、「なぜ一緒に暮らさないといけないのか　どういう義務なのか？／せっかくの成果を無駄にして　もっと貧しくなるだろう」と移住政策の有効性を疑問視し、「私はここの馴染みだ　私の人生は町にある／私はここで丸々肥えて　いつも喜びの中にある／もし村に住んだなら　骨と皮だけになってしまう」と懸念する。それに対し政治家は、「町を出ることは重要だ　共に村へ移住しよう／恩恵を共に得て　勝者の人生を歩もう」、「みんなで一緒に住むことは　国にとって大変意義のあること／例えば橋を作って　洪水を防ぐことができる／一緒に耕すのも有益だ　経済的成果を上げられる」とお決まりのスローガンを並べるだけである。にもかかわらず若者は最終的に、「鋭い言葉で　説得してくれてありがとう／怠け癖を捨て　鍬の柄を握ろう／そして雑草を抜いて　村に参加しよう／ウジャマー村には　確かに利益がある」と心変わりをするのである（Mnyampala 1970: 38-39）。

　この詩は、その書かれた目的とは裏腹に、若者の懸念の妥当性と、政治家の理想主義の非現実性とを強く印象づける。以下の詩を書いたときのムニャンパラ自身も、この印象に賛同してくれるはずである。『ムニャンパラ詩集』内の詩「農民の苦労」では、農業の困難さが写実的かつ切実につづられる。

はるか昔から　農業には困難がつきもの／まずは原野を開墾し　枯草を山ほど燃やす／草にまみれ　一日中働きづめだ／農民の苦労には　忍耐が不可欠

忍耐こそが不可欠　心変わりは許されぬ／毎日夜明け前に目を覚まし／すぐに手に取るのは鍬　あるいは鍬の残骸／農民の苦労には　忍耐が不可欠

森を耕しキビを植え　草原を耕しモロコシを植え／たとえ一段落しても　いびきをかいて眠るなかれ／動物が畑にやってきて　作物を食い荒らす／農民の苦労には　忍耐が不可欠（三連略）

いつ休めるのか　いつこの辛苦が終わるのか／イノシシやサルに　怯えて暮らす苦しみが？／収穫の稼ぎを得る前から　疑念が膨らむばかり／農民の苦労には　忍耐が不可欠

キビがよく実ると　私はひたすら無事を祈る／すべての枝が花をつける時　私の疑いは晴れていく／そして鳥たちが舞い

降りて　私のキビを狙い打ち／農民の苦労には　忍耐が不可欠（一連略）
農民は衰弱し　憐れみを掻き立てる／その顔はやせ衰え　見る影もない／すべての困難は終わり、農民はついに収穫する　みずからの終焉を／農民の苦労には　忍耐が不可欠
(Mnyampala 1965a: 53-54)

ウジャマー村への移住政策は遅々として進まず、一九七〇年代に入ると武力を用いた強制移住が始まる。しかしムニャンパラはタンザニア政治が暴力性を帯びる前、一九六九年に亡くなった。『詩の教え』内の「政治」という詩には、「国民に無理強いするのは、政府のやることではない」という一節がある (Mnyampala 1965b: 5)。ムニャンパラがもう少し長く生き、社会主義政策の失敗を目の当たりにしていたなら、「政権の拡声器」か「庶民の良心」か、どちらの役割を守っただろうか。

ムニャンパラは、時の政権であれ、身近なコミュニティであれ、そこから期待された役割を忠実に演じきった詩人と言えるだろう。そのような詩人を前にしたとき、われわれはつい、詩人自身の思いはどこにあるのかと問いたくなる。しかしスワヒリ語詩において重要なのは個人の思いではなく、詩がその時代や社会において良い影響を与え得るかどうかである。社会情勢が変われば詩の内容も変わる。よって本稿のように、詩人の主張が一貫していないことを指摘するのは野暮なのだろう。

社会主義政策は失敗に終わったが、ンゴンジェラは現在でも教育的娯楽として広く親しまれている。特に教育現場では、子どもたちが保護者等の前で教育的成果を発表するための形式として重宝されている。自由詩の詩人ケジラハビ（本連載第6回〔『理』71号〕参照）は、ムニャンパラの功績を以下のように称えた。「都会の人も田舎の人もあなたの前に腰を下ろす／そしてあなたは彼らを楽しませ、一人一人の聴衆を／ンゴンジェラの詩人へと変えた！」(Kezilahabi 1974: 40)。

（大阪大学　おのだ・ふうこ）

注1　ゴゴ語で「一緒に行くこと」を意味するという (Kyamba 2022: 135)。

参考文献

Kezilahabi, E. (1974) *Kichomi*, Heineman Educational Books.
Kyamba, Anna N. (2022) "Mchango wa Mathias Mnyampala katika Maendeleo ya Ushairi wa Kiswahili", *Kioo cha Lugha* 20(1): 130-149.
Kyamba, Anna Nicholaus (2016) "Muundo wa Mashairi katika *Diwani ya Mnyampala* (1965) na Nafasi Yake katika Kuibua Maudhui" *Kioo cha Lugha* Juz. 14: 94-109.
Mnyampala, Mathias (1965a) *Diwani ya Mnyampala*, Kenya Literature Bureau.
—— (1965b) *Waadhi wa Ushairi*, East African Literature Bureau.
—— (1970) *Ngonjera za UKUTA Kitabu cha Kwanza*, Oxford University Press.
Ndulute, C. L. (1985) "Politics in a Poetic Garb: The Literary Fortunes of Mathias Mnyampala", *Kiswahili* Vol. 52 (1-2): 143-162.

【4～7月の新刊】

『未来の教育を語ろう』
關谷 武司［編著］
A5判　一九四頁　二五三〇円

【近刊】　＊タイトルは仮題

『宅建業法に基づく重要事項説明Q&A 100』
弁護士法人 村上・新村法律事務所［監修］

『教会暦によるキリスト教入門』
前川 裕［著］

『ローマ・ギリシア世界・東方』
ファーガス・ミラー古代史論集
ファーガス・ミラー［著］
藤井 崇／増永理考［監訳］

KGりぶれっと60
『学生たちは挑戦する』
開発途上国におけるユースボランティアの20年
村田 俊一［編著］
関西学院大学国際連携機構［編］

【好評既刊】

『ポスト「社会」の時代』
社会の市場化と個人の企業化のゆくえ
田中 耕一［著］
A5判　一八六頁　二七五〇円

『カントと啓蒙の時代』
河村 克俊［著］
A5判　二二六頁　四九五〇円

『学生の自律性を育てる授業』
自己評価を活かした教授法の開発
岩田 貴帆［著］
A5判　二〇〇頁　四四〇〇円

『破壊の社会学』
社会の再生のために
荻野 昌弘／足立 重和／山 泰幸［編著］
A5判　五六八頁　九二四〇円

KGりぶれっと59
『基礎演習ハンドブック　第三版』
さぁ、大学での学びをはじめよう！
関西学院大学総合政策学部［編］
A5判　一四〇頁　一三二〇円

※価格はすべて税込表示です。

好評既刊

絵本で読み解く 保育内容 言葉

齋木 喜美子［編著］

絵本を各章の核として構成したテキスト。児童文化についての知識を深め、将来質の高い保育を立案・実践するための基礎を学ぶ。

B5判 214頁 2420円（税込）

スタッフ通信

弊会の刊行点数が五百点に到達した。九七年の設立から二八年かかったことになる。設立当初はまさかこんな日が来るとは思っていなかった。ちなみに東京大学出版会の五百点目は一九六二年（設立一一年目）、京都大学学術出版会は二〇〇九年（二〇年目）、名古屋大学出版会は二〇〇四年（二三年目）とのこと。特集に執筆いただいた草創期からの教員理事長をはじめ、歴代編集長・編集委員の方々、そしてこれまで支えていただいたすべての皆様に感謝申し上げるとともに、つぎの千点にむけてバトンを渡してゆければと思う。（田）

コトワリ No. 75　2025年7月発行
〈非売品・ご自由にお持ちください〉

知の創造空間から発信する
K.G. University Press
関西学院大学出版会
〒662-0891　兵庫県西宮市上ケ原一番町1-155
電話 0798-53-7002　FAX 0798-53-5870
http://www.kgup.jp/　mail kwansei-up@kgup.jp